인천의 꿈,
대한민국의 미래

K-청년의 꿈, G3 KOREA

백석두 지음

K-청년의 꿈, G3 KOREA

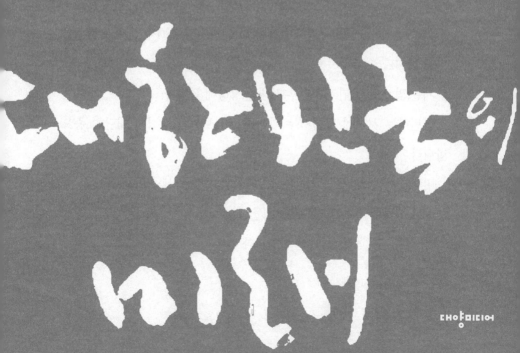

대양미디어

서 문

제가 말하려고 하는 '인천의 꿈! 대한민국의 미래'는 인천시민의 여러 사람들이 말하는 것과 많은 재외동포들을 만나면서 그분들의 바램을 듣고, 그리고 비전을 직접 제안한 유정복 시장이 공식적·비공식적 자리에서 말한 내용을 종합하고 참고하여서 필자가 꿈꾸는 '인천의 꿈! 대한민국의 미래'에 관한 생각을 정리해서 기술하려고 합니다.

필자가 주장한 내용이 완벽하다고 보지 않습니다. 그러기에 어느 누구든지 필자가 말하는 내용을 읽고 '인천의 꿈! 대한민국의 미래'가 추구해야 할 가치와 방향을 제시 해주시거나 보완해 주시면 기쁜 마음으로 받아들이겠습니다.

2015년 국제연합(UN)발표에 의하면 인간수명 120세 시대가 돌입했다고 합니다.

저는 앞으로 30년, 50년 후 시대를 상상해 봅니다.

급변하는 시대에 있어서는 미래를 그려보는 상상력이 대단히 중요합니다.

미래를 생각하는 것을 키우는 것은 자신의 인생을 생각하는 사람들의 자세라고 생각합니다. 그러므로 미래를 배우는 방식, 미래의 삶의 방식을 선택하는 것은 개개인이 해야 할 일입니다.

필자는 이 책을 보는 분들이 우리의 미래를 함께 만들어 가는 계기가 되기를 바랍니다.

미래학자 피터 드리커(Peter F. Drucker)는 "미래를 알 수 있는 최선의 방법은 미래를 만드는 것이다"라고 말했습니다.

오늘의 시대는 자국의 이익을 최우선시하는 **기술 패권경쟁의 신냉전 시대**입니다.

이러한 시대에 **중요한 것은** 인류가 공생할 수 있고 인류의 행복을 실현하는데 선도할 **국가와 지도자가 탄생**되어야 합니다. 그 지도자는 저절로 태어나는 것이 아니라 만들어지는 것입니다.

『카이스트 미래전략 2023-기정학의 시대, 누가 21세기 기술 패권을 차지할 것인가?』에서 21세기 좌우할 7가지 테크(기술)를 다음과 같이 선정했습니다.

① 팬데믹이 심화시킨 기술 전장 "첨단바이오기술", ② 변하지 않는 전략자산 "소재·부품·장비기술", ③ 초거대 인공지능 구현 "인공지능(AI)반도체기술", ④ 미래융합핵심기술 "6G 이동통신기술", ⑤ 가벼운 충전시대를 이끄는 "차세대 이차전지기술", ⑥ 지정학 패권을 넘어서는 "우주탐사기술", ⑦ 나노 디지털 넘어서는 "양자정보통신기술"이라고 주장합니다.

미래학자 레이먼드 레이 커즈와일(Raymond Ray Kurzweil, 1948.2.12.~)은 빠르면 2035년경에 인공지능(AI)이 인간의 지능을 뛰어넘는 싱귤레리티

(Singularity, 특이점) 시대가 온다고 합니다. 지금부터 불과 10년 정도 남았습니다. 향후 30년 인공지능(AI) 기반 사물인터넷(IoT)시대가 새로운 대세가 될 것입니다. 사람이 기계를 가르칠 때는 그 속도가 느리지만, **기계가 사람을 배우기 시작할 때**는 우리가 예상할 수 없을 만큼 그 속도는 엄청나게 빠르게 진행**됩니다.**

그러므로 우리의 오늘과 미래를 위해서는 AI 종속이 아닌 AI를 대처하고 AI 문제를 극복할 창의적 역량을 가진 인재육성과 우리들의 학습이 대단히 중요한 문제입니다.

우리는 세계 문명의 전환기에 살고 있습니다. 인류역사상 유래없는 변화의 물결 속에서 우리가 싫다고 변하는 시대를 막아낼 수는 없습니다.

우리는 새로운 문명에 적응하며 변해야 합니다. 오늘 한국의 정치가 변화의 흐름을 직시하지 않고 변화를 이끌지 못하기 때문에 4류 · 5류라고 합니다.

인류가 생존하기 위해서 슬기로운 생각을 하기 시작할 때부터 인류를 호모사피엔스라고 했습니다. 오늘날은 포노사피엔스-스마트폰이 낳은 신인류가 탄생되었다고 합니다. 스마트폰이 신체 일부가 되어 스마트폰에 의한 우리의 일상생활이 지배되는 시대에 탄생한 신인류를 포노사피언스(Phono Sapiens)라고 부릅니다.

새로운 정보가 생성되면 몇 시간 만에 30억이 넘는 인구에게 복제할 수 있는 시스템을 가진 인류 이것이 포노사피언스 시대의 효력입니다.

초연결 · 초지능 · 초융복합으로 정의되는 제4차 산업혁명은 기술에 의해서 혁명이 완성되었다고 볼 수 없고 사람이 스마트폰에 의해서 소비 생활패턴이 바뀐 혁명이라고 볼 수 있습니다. 그리고 5차 산업혁명은 물질(양자, 에너지)에 의한 사람의 의식, 정신이 변하는 혁명이라고 합니다. 역으로 말하면 기술과 물질이 우리 인류에 크게 영향이 미치게 되지만 결국에는 사람입니다. 하나도 사람이고, 둘·셋… 모두가 사람입니다.

결국 '인천의 꿈! 대한민국의 미래' 비전의 실천과 성공도 **사람**이 만듭니다. 필자는 인천의 꿈에서 주체는 **인천시민과 인천시장**이라고 생각합니다.

고로 대한민국의 미래 주체는 **대한민국의 국민과 대한민국의 대통령**이라고 생각합니다.

'인천의 꿈! 대한민국의 미래'를 필자 나름대로 정의하는 것은 인천의 주인이 대한민국의 주인이 되어 인류 행복실현에 선각자가 되기를 소원하고 있기 때문입니다.

필자는 사람이 행복한 세상을 만드는 것은 **모든 인류가 가져야 할 책임의식**이라고 보고 인류가 함께 행복해질 수 있는 나라를 만드는 것은 그 나라 **지도자의 책무라고** 봅니다. '인천의 꿈! 대한민국의 미래'를 이끌어가는 **지도자**는 인류가 염원하는 **공생·공영·공존의 가치와 철학을 중히 여기고 실천하는 사람**이어야 한다고 봅니다.

공생은 더 이상 하나의 요구대상이 아니라, 지구에서 온 인류가 지속적인 삶을 영유할 수 있는 길입니다.

20세기 이후에 수많은 나라 가운데 자본주의의 자유민주국가 중에서 성공한 나라가 대한민국입니다. 그리고 사회주의, 공산주의 국가에서 성공한 나라는 중국입니다. 특히 우리나라는 세계 최빈국에서 G7 선진국에 진입하고 원조받는 나라에서 원조해주는 나라가 되었습니다. 우리는 산업화·민주화·정보화를 통한 문명국가로써 기적을 만들어 낸 저력을 가지고 있습니다. 이러한 저력을 바탕으로 오늘 우리 사회에서 걱정하는 몇 가지 역기능적인 갈등을 해소한다면, 대한민국은 문화와 정신적 가치는 말할 것도 없고 경제력과 국력에 있어서 미국과 중국에 이어서 G3(Group of Three) 국가가 될 수 있다고 봅니다.

　대한민국의 DNA의 본질은 함께 잘살고자 하는 DNA입니다. 대한민국의 DNA를 온 세계에 확대시키는 것이 '인천의 꿈! 대한민국의 미래'의 성공으로 가는 지름길이라고 생각합니다.

2023년 10월 1일

국군의 날에 '인천의 꿈! 대한민국의 미래'에 대하여 쓰기 시작하면서

생태농원에서 백석두(白石斗)

차 례

9

'인천의 꿈! 대한민국의 미래'는
무엇을 추구하는가?

01
'인천의 꿈! 대한민국의 미래'는
무엇을 의미하는가?

☆ 인천의 꿈! 대한민국의 미래

○ 시민이 행복한 세계 초일류 도시 인천

○ 자유 평화의 도시 인천

○ 세계 10대 도시 인천

"제물포 르네상스"

"뉴 홍콩 시티"

「양자 경제의 메카 인천」

☆ 1천만 도시 인천시대가 "G3" 대한민국을

「인천의 꿈! 세계의 미래!」

'인천의 꿈! 대한민국의 미래'는 무엇을 의미하는가?

인천광역시 제6기, 제8기의 비전 '인천의 꿈! 대한민국의 미래'가 추구하고자 하는 목표는?

이를 실현하고자 하는 핵심 동력은 무엇인가?

시민이 행복한 세계 초일류 도시 인천은 어떤 도시인가?

자유평화의 도시 인천이 지향하는 미래의 인천은 어떤 가치를 추구하는가?

세계 10대 도시 인천을 만들기 위해서 오늘의 인천을 어떻게 개조해야 하는가?

제물포 르네상스 인천과 뉴-홍콩시티 인천은 서로 공존이 가능한가?

세계에서 아직도 유일하게 분단국가로서 첨예한 대립을 하고 있는 남과 북의 지리적 요충지 인천이 한반도 평화통일을 가져올 수 있는가? 또한 지역 갈등, 세대 갈등, 이념 갈등, 젠더 갈등이 더욱 심화되고 있는 대한민국을 용광로에 집어넣어 합목적으로 향할 수 있는 5차 산업혁명의 핵심 양자역학, 양자물리학, 양자 경제를 선도할 인천이 될수 있는가?

1천만 도시 인천 시대가 G3 대한민국을 창조할 수 있는가?

'인천의 꿈! 대한민국의 미래'가 추구하는 최고의 공동선의 목표는 무엇인가?

21세기에 들어서면서

미국과 중국의 갈등과 대립으로 신냉전이 시작되었다. **기술 패권**을 차지하기 위해서 **세계 평화**를 퇴보시키는 미국과 중국의 갈등과 대결 경쟁

구도를 뛰어넘어 인류의 행복한 시대를 만들기 위한 **제5차 산업혁명시대를 선도**하고 **지구촌 인류의 공생과 번영을 추구하는 중심국가의 역할**을 하는 것이 '인천의 꿈! 대한민국의 미래'가 가진 **책무**라고 생각한다.

또한, 인류가 함께 잘 살 수 있게 대한민국 국민이 가지고 있는 홍익인간(弘益人間) 근본정신과 이념의 평화 사상 DNA를 전 세계에 확산시키는 작업을 해야 하는 것이다.

코로나(COVIN 2019) 팬데믹, 우크라이나·중동전쟁, 전 세계에서 국가와 민족, 종교 간에 전쟁과 갈등, 대립, 초인플레이션 현상으로 빈부의 양극화, 기후변화로 인류의 생존을 위협하는 지구생태계 파괴, 자국 이익을 최우선시하는 국수주의, 민족주의, 패창주의 시대로 회귀하는 인류에 찾아오는 **복합 위기**를 넘어서 모든 인류가 인간으로서 살 권리가 보장되고 개개인이 가진 개성을 살려서 자유롭게 살 수 있는 세상을 열어갈 수 있는 **지도자**를 만들어 가는 것이 '인천의 꿈! 대한민국의 미래'가 **나가야 할 방향**이다.

모든 국가나 지방 정부 그리고 정치지도자의 책임은 국민과 시민이 행복하게 살 수 있도록 해주는 것이 최선의 목적이고 모든 국민, 시민은 정치, 경제, 사회, 문화 등 모든 분야에서 갈등 없이 행복한 생활을 하고자 하는 희망을 가지고 있다.

그러나 오늘날 국제정세는 우리들이 추구하는 행복한 삶을 추구하는 대로 평탄하게 진행되지 않고 있다.

불공정한 사회를 공정한 사회로 변화시켜야 하고 G2의 갈등과 대립이 만들어 내는 신냉전의 기술패권전쟁이 가져오는 국가 간에 더욱 심화되는 빈부격차의 경제, 신기술로도 해답이 나오지 않는 기후변화 탄소 중립의 해결 숙제, 세계 각 지역별 국가별 불균형한 인구출산율, 글로벌시대 21세기에 가장 큰 이슈로 세계 경제를 퇴보시키는 우크라이나 전쟁, 세계화가 무너지면서 형성되는 민주주의와 전체주의의 대결, 한 치 앞을 예측할 수도 없는 신기술 개발과 국제정세 속에서 우리 인간들이 가져야 할 가치관과 실천적 행동은 무엇인가?

필자는 세계 경제는 상호 보완적으로 가야 한다고 주장한다. **무역**도 개방하여 자유스러운 다자무역을 해야 하고 지구촌의 원자재도 공유개념으로 관리 **되어야 하고 경제**를 군사화·안보화하는 것을 세계 각국이 지혜를 모아 막아야 **하고 특히** 식량·자원을 무기화하는 것을 제도적으로 막는 방법을 찾아 이를 **국제사회가 결의**해야 한다.

또한, 반인륜적·반평화적 침략과 전쟁을 이데올로기를 초월해서 **공동대처할 국제기구**의 힘을 조속히 강화해 나가야 한다.

근자에 들어와서 세계화가 퇴보되고 세계적 정치 리더십과 지도자들의 역량이 발휘되지 않는 오늘의 시대에 인류의 행복한 삶을 최우선시하는 정치적 리더십과 지도력을 발휘할 21세기 지도자를 우리는 만들어야 한다.

02
아! 대한민국

1919년 3월 1일 한반도와 세계 곳곳에서 서간도, 북간도 만주지역에서 유럽과 하와이와 미주 대륙에서 장터에서 들녘에서 교회에서 전 세계 교포들이 있는 곳과 산사에서 대한독립 만세의 함성이 울려 펴졌다. 독립 만세운동을 이끈 33인 지도자와 기독교, 불교, 천도교 등 모든 교단과 민족단체들이 하나가 되었다.

3·1운동의 목적은 잃어버린 국권 회복에 있었으나 일제의 무력탄압으로 그 목적을 이루지는 못했지만 전 세계 열강들에게 우리의 자주독립 의지를 보여주었고 민족사적으로 중요한 의의를 남긴 운동이었다.

오늘날 인류가 상생의 길을 모색하는 데 있어서 3·1운동 독립선언서는 먼 미래까지 내다보는 우리 선조 선배 우국지사들의 깊은 고뇌에서 나온 시대를 초월한 인류가 지향해야 할 철학과 사상이 깃든 우리 민족정신이 표출되었다고 본다.

일부에서는 그 당시에 함께 나온 무오 독립선언서와 단체 신채호 선생의 조선혁명선언과 비교하면 너무 온건하고 무력 투쟁하자는 내용이 없어 당시 우리나라에 처한 현실을 너무 안일하게 보고 있다는 비판도 있지만, 자유와 평화 인류의 공존 철학적 측면에서 독립선언서는 당시 일제뿐만 아니라 열강제국들에게 경고하고 우리 민족의 정신과 생각을 표출한 대단한 의미를 가지고 있다고 본다.

기미년 이전인 무오년에 대한민국 독립선언을 한 것이 있는데, 그것이 바로 만주 길림성 여준 선생 집에서 무오 대한독립 선언을 했다. 그날이 1919년 2월 1일인데, 음력으로는 무오년 12월이기 때문에 '무오 (戊午) 대한독립 선언'이라고 했다. 대한민국이라는 것을 처음 쓴 공식문서가 이 선언이라고 할 수 있다. 그 내용은 "**대한 동족은 완전한 자주독립과 신성한 평화 복지로 대한민국의 자립을 선포한다. 한일합병은 무효이고 독립을 쟁취할 것을 선언한다.**"라고 되어 있다.

거기에는 김교헌, 조소앙, 신채호, 신규식, 박은식, 이동희, 이승만, 안창호, 이상룡, 이동영, 이시영, 김규식, 김동삼, 김약연, 김좌진, 박용만 그 밖에 23명이 추가로 서명을 했다. 그다음에 1919년 2월 8일에는 동경의 유학생학부회를 중심으로 해서 최팔용 등 대학생들이 2월 8일에 동경의 조선기독교회관 YMCA에 모여서 대한독립선언을 했다. 그리고 거기에서 서울로 대표를 파견하는데, 송계백과 최근호를 국내로 파견하고 그다음에 이광수는 상해로 파견하기로 했다. 그렇게 송계백은 국내로 와서 자기의 모교인 중앙학교에 현상윤 선생과 교장인 송진우 선생, 최남선을 만났다. 그런데 현상윤이 천도교의 대도정인 보성학교장 최린 선생을 만나가지고 동경에서 이러한 독립선언을 하는 움직임을 얘기를 하니까 최린 선생은 천도교 3세 교조인 손병희 선생에게 보고했다. 그래서 손병희 교주는 최린, 권동진, 오세창 선생에게 위

임해서 독립선언원칙으로 대중화·일원화 비폭력 세 가지를 넣으라고 했다. 물론 이것은 나중에 최남선 선생이 독립선언서를 작성하고 3대 강령은 한용운 선생이 했지만, 그런 원칙은 손병희 선생이 제시한 것이다. 2월 23일 기독교 측은 이승훈과 함태영 선생 합의로 천도교와 연합선언으로 하기로 합의를 했다. 고종의 국장이 3월 3일인데 그 전날 하면 좋은데 전날은 일요일이라 기독교에서 반대서 3월 1일 정오 서울 파고다공원에서 독립선언을 하기로 했다. 독립선언서의 인쇄와 제작은 천도교, 배포는 천도교와 기독교가 같이 하기로 하고, 일본 정부나 의회에 대한 통보는 천도교 쪽에서 하고, 윌슨 대통령과 여러 나라의 문서 제출은 기독교 쪽에서 하기로 했다. 그리고 최린은 불교계의 대표로 신흥사 주지로 계셨던 만해 한용운 선생께 얘기하고, 한용운 선생은 대각사 스님이셨던 백용성 스님에게 얘기한 바, 시간이 없으니 불교계를 대표해서 두 명만 들어가기로 했다. 이때 가톨릭은 빠지고, 천도교는 15명(처음에 천도교 15명, 기독교 15명으로 합의한 바, 기독교가 장로회·감리회 숫자 조정이 안 되어 8대 8로), 기독교는 16명으로 제일 많이 참여를 했다. 그리고 대학생 대표로 서울대 김현기, 고려대 강기덕, 연세대의 김원벽·이강성 등이 독자적으로 독립선언을 추진을 했는데, 이갑성 선생님과 이필주 목사 집에서 같이 모여가지고 학생들도 함께하기로 했다. 그리고 2월 27일 최린 선생님 댁에서 서명을 했다. 인쇄는 천도교 쪽에 속하는 보성사 이종일 사장이 하기로 했다. 2월 28일 마지막 날 오후 5시 손병희 선생 댁에서 모여 의논해서 장소를 검토, 헌병과 국민의 충돌을 막기 위해서 파고다공원에서 태화관으로 옮기기로 했다. 그래서 3월 1일 오후 2시 서울 종로의 태화관에서 30명의 대표가 참석해가지고 그 독립선언서를 3시에 낭독하고 "吾等은 茲에 我 朝鮮의 獨立國임과 朝鮮人의 自主民임을 宣言하노라." 그리고 만해 한용운의 주장으로 뒷부분에 '공약 3장'이 추가되었다.

기미독립선언문(己未獨立宣言文)

조선 민족대표 삼십삼인(朝鮮民族代表 三十三人)

우리는 여기에 우리 조선이 독립된 나라인 것과 조선 사람이 자주하는 국민인 것을 선언하노라. 이것으로써 세계 모든 나라에 알려 인류가 평등하다는 큰 뜻을 밝히며, 이것으로써 자손만대에 일러 겨레가 스스로 존재하는 마땅한 권리를 영원히 누리도록 하노라.

반만년 역사의 권위를 의지하고 이것을 선언하는 터이며, 이천만 민중의 충정을 모아 이것을 널리 알리는 터이며, 겨레의 한결같은 자유 발전을 위하여 이것을 주장하는 터이며, 사람 된 양심의 발로로 말미암은 세계 개조의 큰 기운에 순응해 나가기 위하여 이것을 드러내는 터이니, 이는 하늘의 명령이며, 시대의 대세이며, 온 인류가 더불어 같이 살아갈 권리의 정당한 발동이므로, 하늘 아래 그 무엇도 이것을 막고 누르지 못할 것이라. 낡은 시대의 유물인 침략주의 강권주의의 희생을 당하여 역사 있는 지 여러 천 년에 처음으로 다른 민족에게 억눌려 고통을 겪은 지 이제 십 년이 되도다. 우리가 생존권마저 빼앗긴 일이 무릇 얼마며, 정신의 발전이 지장을 입은 일이 무릇 얼마며, 겨레의 존엄성이 손상된 일이 무릇 얼마며, 새롭고 날카로운 기백과 독창성을 가지고 세계문화의 큰 물결에 이바지할 기회를 잃은 일이 무릇 얼마인가!

오호, 예로부터의 억울함을 풀어보려면, 지금의 괴로움을 벗어나려면, 앞으로의 두려움을 없이하려면, 겨레의 양심과 나라의 도의가 짓눌려 시든 것을 다시 살려 키우려면, 사람마다 제 인격을 옳게 가꾸어 나가려면, 불쌍한 아들, 딸에게 부끄러운 유산을 물려주지 않으려면, 자자손손이 길이 완전한 행복을 누리게 하려면, 우선 급한 일이 겨레의 독립인 것을 뚜렷하게 하려는 것이라. 이천만 각자가 사람마다 마음속의 칼날을 품으니, 인류의 공통된 성품과 시대의 양심이 정의의 군대가 되고, 인륜과 도덕이 무기가 되어 우리를 지켜주는 오늘, 우리가 나아가 이것을 얻고자 하는데 어떤 힘인들 꺾지 못하며, 물러서 계획을 세우는 데 무슨 뜻인들 펴지 못할까!

병자수호조약 이후, 시시때때로 굳게 맺은 약속을 저버렸다 하여 일본의 신의 없음을 탓하려 하지 아니하노라. 학자는 강단에서, 정치인은 실생활에서 우리 조상 때부터 물려받은 이 터전을 식민지로 삼고, 우리 문화민족을 마치 미개한 사람들처럼 대하여 한갓 정복자의 쾌감을 탐낼 뿐이요, 우리의 영구한 사회의 기틀과 뛰어난 이 겨레의 마음가짐을 무시한다 하여, 일본의 옳지 못함을 책망하려 하지 아니하노라. 자기를 일깨우기에 다급한 우리는 다른 사람을 원망할 여가를 갖지도 못하였노라. 현재를 준비하기에 바쁜 우리에게는 예부터의 잘못을 따져 볼 겨를도 없노라. 오늘 우리의 할 일은 다만 나를 바로 잡는 데 있을 뿐, 결코 남을 헐뜯는 데 있지 아니하노라. 엄숙한 양심의 명령을 따라 자기 집의 운명을 새롭게 개척하는 일일 뿐, 결코 묵은 원한과 일시의 감정을 가지고 남을 시기하고 배척하는 일이 아니로다. 낡은 사상과 낡은 세력에 얽매인 일본 위정자의 공명심의 희생으로 이루어진 부자연스럽고 불합리한 이 그릇된 현실을 고쳐서 바로잡아, 자연스럽고 합리적인 올바른 바탕으로 되돌아가게 하는 것이라. 처음부터 이 겨레가 원해서 된 일이 아닌 두 나라의 합병의 결과는 마침내 억압으로 이뤄진 당장의 편안함과 차별에서 오는 고르지 못함과 거짓된 통계 숫자 때문에, 이해가 서로 엇갈린 두 민족 사이에 화합할 수 없는 원한의 도랑이 날이 갈수록 깊이 패 이는 지금까지의 사정을 한번 살펴보라. 용감하게 옛 잘못을 고쳐 잡고, 참된 이해와 동정에 바탕 한 우호적인 새 시대를 마련하는 것이, 서로 화를 멀리하고 복을 불러들이는 가까운 길인 것을 밝히 알아야 할 것이 아니냐! 또한 울분과 원한이 쌓이고 쌓인 이천만 국민을, 힘으로 붙잡아 묶어 둔다는 것은 다만 동양의 영원한 평화를 보장하는 노릇이 아닐 뿐 아니라, 이것이 동양의 평안함과 위태함을 좌우하는 사억 중국 사람들의 일본에 대한 두려움과 새암을 갈수록 짙어지게 하여, 그 결과로 동양 전체가 함께 쓰러져 망하는 비운을 초래할 것이 뻔한 터에, 오늘 우리의 조선독립은 조선 사람으로 하여금 정당한 번영을 이루게 하는 동시에 일본으로 하여금 잘못된 길에서 벗어나, 동양을 버리고 나갈 이로서의 무거운 책임을 다하게 하는 것이며, 중국으로 하여금 꿈에도 피하지 못할 불안과 공포로부터 떠나게 하는 것이며, 또 동양의 평화가 중요한 일부가 되는 세계 평화와 인류복지에 꼭 있어야 할 단계가 되게 하는 것이라. 이것이 어찌 구구한 감정상의 문제이겠느냐!

아아 새 하늘과 새 땅이 눈 앞에 펼쳐지누나. 힘의 시대는 가고 도의의 시대가 오누나. 지나간 세기를 통하여 깎고 다듬어 키워 온 인도적 정신이 바야흐로 새 문명의 서광을 인류의 역사 위에 던지기 시작하누나. 새봄이 온 누리에 찾아 들어 만물의 소생을 재촉하누나. 얼음과 찬 눈 때문에 숨도 제대로 쉬지 못한 것이 저 한때의 시세였다면, 온화한 바람, 따뜻한 햇볕에 서로 통하는 낌새가 다시 움직이는 것은 이 한때의 시세이니, 하늘과 땅에 새 기운이 되돌아오는 이 마당에, 세계의 변하는 물결을 타는 우리는 아무 주저할 것도 없고 아무 거리낄 것도 없도다.

우리가 본디 타고난 자유권을 지켜 풍성한 삶의 즐거움을 마음껏 누릴 것이며, 우리가 넉넉히 지닌바 독창적 능력을 발휘하여 봄기운이 가득한 온 누리에 겨레의 뛰어남을 꽃피우리라. 우리는 그래서 분발하는 바이다. 양심이 우리와 함께 있고, 진리가 우리와 더불어 전진하나니, 남자, 여자, 어른, 아이 할 것 없이 음침한 옛집에서 뛰쳐나와 삼라만상과 더불어 즐거운 부활을 이룩하게 되누나. 천만세 조상들의 넋이 우리를 안으로 지키고, 전 세계의 움직임이 우리를 밖으로 보호하나니, 일에 손을 대면 곧 성공을 이룩할 것이라. 다만 저 앞의 빛을 따라 전진할 따름이로다.

공약 삼장(公約 三章)

〈하나〉 오늘 우리들의 이 거사는 정의, 인도, 생존, 번영을 찾는 겨레의 요구이니, 오직 자유의 정신을 발휘할 것이고, 결코 배타적 감정으로 치닫지 말라.

〈하나〉 마지막 한 사람에 이르기까지, 마지막 한순간에 다다를 때까지 민족의 올바른 의사를 시원스럽게 발표하라.

〈하나〉 모든 행동은 먼저 질서를 존중하여, 우리들의 주장과 태도가 어디까지나 공명정대하게 하라.

나라를 세운 지 사천이백오십이 년 되는 해 삼월 초하루

조선 민족대표

손병희, 길선주, 이필주, 백용성, 김완규, 김병조, 김찬준, 권동진, 권병덕, 나용화, 나인협, 양전백, 양한묵, 유여대, 이갑성, 이명룡, 이승훈, 이종일, 이종훈, 임예환, 박준승, 박희도, 박동완, 신흥식, 신석구, 오세창, 오화영, 정춘수, 최성모, 최린, 한용운, 홍병기, 홍기조.

3시에는 한용운 스님이 연설하고 만세삼창을 하고 또 경찰 당국에 알렸다. 이때 그 암울했던 한반도 우리나라에 새로운 천지가 열리기 시작한 것이다. 대학생들을 중심으로 파고다공원에서의 독립선언문 낭독은 정신학교 졸업생인 전대영이 낭독을 하고 만세삼창을 했다. 이러한 역사적인 사건이 전국으로, 세계로 독립 만세운동이 퍼졌다.

대한의 온 민족이 하나 되어 거국적으로 전개한 3·1운동이 시발점이 되어서 1919년 4월 11일 중국 상하이에서 독립운동가들이 모여서 헌법을 제정하고 국호를 대한민국으로 정해 대한민국을 대표하는 임시정부가 중국 땅에서 출발하였다.

상해에서 출발한 임시정부는 일본이 항복하는 1945년까지 일제의 탄압과 일제의 임시정부 말살에 저항하면서 나라의 독립을 위해 생사를 넘나들면서 27년 동안 3만리 길을 9번의 청사를 옮기면서 마지막 중국 내륙의 중

경까지 고난의 길을 걸으면서 대한민국의 국호를 유지한 **위대한 독립의 역사**를 독립의 길을 오늘 우리에게 남겨주었다.

필자는 중국에 가면 중국 사람들에게 감사의 말을 꼭 전한다.

"우리가 일제강점기 어려웠던 시절에 중국 땅에서 우리나라의 임시정부를 수립하여 독립운동과 나라의 정체성을 지킬 수 있었고 27년 동안 3만 리 길을 행군하며 임시정부 청사를 9번이나 옮기면서 우리가 독립을 맞이할 수 있었던 것은 중국 국민 당신들의 협조와 도움이 없었다면 어려운 일이었다. 나는 여러분에게 빚을 졌다. 중국과 당시에 우리 임시정부에 도움을 준 중국 국민에게 언제나 감사한 마음을 가지고 있다"고 말하면 중국 사람들이 숙연해지는 모습을 보게 된다.

1942년 10월 11일 중국 전시 임시수도 중경에서 **한·중문화협회**가 창립되었다. 중국은 당시에 중국 국민당과 공산당이 항일투쟁을 위해 국공합작이 이루어져서 공동으로 항일전쟁을 하던 때이다. 이때 중국 정부와 한국 임시정부의 인사들이 협력하여 일본을 물리치고 동방문화를 발전시키며 동아시아의 평화와 번영을 이룩하자고 한·중문화협회를 창립했다.

당시 중국은 국공합작 시기였기에 중국의 외교정책은 외교부와 문화협회가 주도하는 민간외교를 최우선시하였다. 중국의 임시수도 중경에서 한국 임시정부와 중국 정부의 지도자들이 한·중(중·한)문화협회를 만든 것은 중국 정부가 대한민국 임시정부를 공식적인 정부로 승인한 것이다.

이때 중국 측 대표로는 중국 국부로 칭송되는 손문(孫文)의 아들 손과(孫科)와 주은래, 풍옥상 등 중국 국민당, 공산당 주요 인사가 참여했고 임시정부 측에서는 이승만, 조소앙, 김규식 등 여러 지도자가 참여했다.

1943년 12월 1일에 이집트 카이로에서 미·영·중 3국 정상회의에서 중국 정부의 협력으로 대한민국이 UN으로부터 독립을 보장받은 유일한 국가로 인정받는 것이 카이로 선언이다.

필자는 한중간의 관계에 있어서 중경에서 중국 국민당과 공산당이 합작하여 만든 통일된 중국 정부와 우리 임시정부가 동아시아의 평화와 번영을 위해서 한중문화 협회를 창립했다는 역사적 사실과 미·중·영의 정상이 대한민국 임시정부를 독립을 보장받는 유일한 국가로 인정했다는 카이로 선언이야말로 한반도에서 대한민국의 정통성과 그 당위성은 대한민국의 미래에 대한 큰 뜻이 있다고 본다.

아! 대한민국! G3로 향하는 대한민국의 꿈은 대한민국의 임시정부와 함께했던 우리의 지도자들이 고난과 고통을 극복하면서 나라의 독립과 영광을 위해 분투했던 27년 3만리 길의 대장정에서 뿌리를 찾아야 한다.

'인천의 꿈! 대한민국의 미래'의 비전 속에는 1942년 12월 1일 중경에서 한중의 지도자가 모여서 동아시아의 평화와 번영을 위해 결의한 숭고한 뜻이 내포되어 있다고 본다.

03
인천의 꿈과 중국몽의 함수관계

　1988년 11월 20일 홍콩에서 광둥성 구룡반도로 건너가서 중국대륙을 처음으로 방문하게 되었다. 88올림픽 이후 한·중 양국 정상회담에 의해서 양국의 첫 번째 사업으로 청소년지도자 교류사업으로 당시에 한국 유네스코 청소년 활동 지도자협의회 회장으로 있는 필자는 우리 회원 20명과 유네스코(UNESCO)청년원 교수가 단장이 되어서 상해, 계림, 소주, 항주, 북경, 장춘, 심양, 연길 등 21일간 중국 전역을 탐방했다.

　상해에서부터 연길 도문시까지 가는 도시마다 똑같이 봐야 하는 것은 길거리에 검은 인민복 입은 끝없는 자전거 행렬이다. 무표정으로 묵묵히 자전거에 몸을 싣고 움직이는 남자·여자 중국 사람들의 모습을 보면서 저들에게 삶의 목적이 무엇일까? 의문이 생겼다.

　검은 대륙, 침묵의 대륙, 무표정의 중국 발전 가능성에 대하여 회의적인 생각을 갖게 된 첫 번째 중국 방문시 받은 이미지가 지금도 가끔 떠오른다. 마지막 방문지 도문시 압록강에서 함박눈을 맞으며 북한 땅을 바라보면서 하염없이 눈물을 흘리며 고향 땅과 통일을 염원하던 김현섭 신흥초등 교장 선생(작고, 청소년 활동 지도자 회원, 고향이 연백)이 생각난다.

1992년 한중국교 수교가 되면서 명동에 대사관이 설치되고 한중간에 교역과 교류는 엄청나게 빠르게 진행되면서 양국의 전반적인 교역과 교류 양도 크게 증가되었지만, 중국의 변화는 인류역사상 어느 나라도 해보지 못한 짧은 시간에 산업과 경제발전을 이룬 나라가 중국이라고 생각한다.

2000년대 들어서면서 중국의 과학과 기술, 산업과 경제의 발전은 전 세계가 중국을 위해서 존재한다는 우스갯소리가 생길 정도로 중국의 발전과 중국의 영향력이 커지고 중국이 당당히 G2가 되었고 혹자는 2040년대는 중국이 미국을 초월하여 G1이 된다고 말한다.

21세기 한국과 중국 어떻게 가야 하느냐 한국과 중국 공존이 가능한가? 한국과 중국 상생의 길은 무엇인가? 한국과 중국이 동북아 평화와 세계 번영에 미치는 영향이 있는가? 우리는 중국에 대해서 얼마나 알고 있는가? 88년 국교 수교 전 중국 방문을 시작하여 수십 차례 중국에 다녀온 나는 중국에 대하여 얼마나 알고 있는가?

인천의 꿈은 중국몽과 어떤 함수관계인가? '인천의 꿈! 대한민국의 미래'를 성공시키는 데 중국이 걸림돌이 되지는 않는가? 다양한 시각에서 한국과 중국, 인천과 중국의 발전적 관계를 모색해야 하는 시기라고 본다.

최근 양국에서 반중 반한 감정이 크게 확산되고 특히 청년세대에서 걷잡을 수 없게 증가하고 있다. 이러한 것은 여러 가지 요인이 있겠지만 발전된 인터넷 통신망을 통해서 정제되지 않는 부정적인 내용물 들이 반증, 반한 감정을 부추기고 있다고 본다.

중국 대부분의 사람과 청년들은 중국의 체제와 중국국가에서 통용되는 사고로 한국을 보려고 할 것이다. 아울러 우리나라도 거의 모두가 우리의 정치체제 우리의 시장 경제 사고로 중국을 바라보고 중국을 이해한다고 하면서 판단한다.

지난주 9월 26일 서울 신라호텔에서 중화인민공화국 창립 74주년 기념행사에 주한중국 특명전권대사로부터 초대받아서 다녀왔다. 한·중수교 31주년 중국공산당에 의해서 중국이 창립된 지 74주년 한중관계는 어떻게 이끌어 왔는지, 앞으로 어떻게 이끌어 갈지 심도 있게 고민해야 했고 지나온 과거보다 앞으로 미래를 더욱 우호적이고 상호 협력을 위해서 상호 간에 깊은 이해 존중이 기반이 되어져야 한다고 본다.

우리가 중국을 정확히 이해하려면 중국을 통치하는 중국공산당 중심의 정치체계를 알아야 한다. 중국이라는 나라는 중국국가의 정부가 통치하는 나라가 아니고 중국공산당이 통치하는 국가이기 때문이다. 중국공산당 당장[1](党章, 당규) 아래에 국가 헌법(정부기능)이 있다. 이러한 중국을 우리는 우리나라의 정치체제로 이해하려다 보니 오류를 범할 수 있다.

우리나라와 중국은 다른 정치체제를 가지고 있다.

민주국가, 독재 국가라는 뜻이 아니라 양국의 정치체제가 근본적으로 다르다는 것이다.

---

1) 「中国共产党章程」, 중국공산당 제20차 전국대표대회에서 일부 개정되어 2022년 10월 22일 통과·채택했다.
https://baijiahao.baidu.com/s?id=1747754641382977744

미국과 일본은 한국처럼 자유민주주의 유사한 정치원리로 이끌어 가기 때문에 우리의 정치체제사고로 이해해도 크게 틀리지 않는다.

그러나 중국은 다르다. 중국은 사회주의 국가에서 공산당 일당체제를 가장 중요시하는 정치체제이기 때문에 최소한의 중국의 정치체제를 이해하고 학습해야 중국과의 관계에 오류 리스크를 줄일 수 있다. 중국은 이미 아시아를 넘어서 전 세계에 큰 영향력을 미치고 있다. 향후 미국과 함께 전 세계 가장 크게 영향력을 행사하는 강대국으로 자리 잡을 것은 명확한 사실이다.

중국의 유일한 집권당이면서 개혁 개방시대에 **중국이 개인 소유제와 시장 경제를 운영**하면서 공산당 일당체제가 무너지지 않고 눈부신 사회·경제적 발전을 이룩할 수 있는 이유는 무엇일까? 어떻게 14억 인구와 거대한 국토와 다양한 사회 구조를 이끌어가는 핵심 내용은 무엇인가?

중국을 이끌어 가는 다양한 통치원리가 있지만 그중 핵심 중국공산당의 5가지 통제 기제를 소개하고자 한다.

첫 번째로 **인사 통제**다. 인사가 만사라고 했듯이 중국을 이끌어 가는 중국공산당 간부 약 80만 명(우리나라 면장, 동장급 이상과 중국 해방군 간부 포함)과 공무원의 인사를 철저하게 통제하는 인사 통제다. 인사 통제에서는 간부와 공무원 인사임명과 간부들의 교육과 사상교육, 인사평가와 승진, 부패 척결과 기율검사 감독으로 공산당 간부와 공무원 관리를 첫 번째로 중요시 여긴다.

두 번째로 **조직 통제**다. 조직 통제는 정부 기관 행정 단위조직 및 민간기업과 사회조직 내에도 공산당 분조 조직을 설립하여 다양한 당 조직 활동을 촉진시키고 대학교와 도시지역 시민위원회에도 공산당 조직을 만들고 특히 대학생의 공산당 입당은 바늘구멍 통과하기보다 어렵고 여기서 사회주의 건설계승자가 양성된다.

공산당 조직은 중앙에서 지방까지 도시와 농촌어촌까지 공산당 당원이 있는 곳은 빠짐없이 구성된다. 그래서 공산당의 힘은 조직에서 나온다고 한다.

셋째로 **사상 통제**다. 공산당의 사상통제는 인사 통제와 조직 통제 보다 체계적이고 세밀하게 운영된다. 중국공산당이 지난 40여 년 동안 개혁, 개방 정책을 추진하면서도 공산당 정치 권력을 굳건하게 유지할 수 있었던 것은 당원과 국민에 대한 사상통제에 성공했기 때문이다.

중국공산당이 전개하는 국민교육운동 중에는 첫 번째로 보법활동(법률지식 보급운동)이고 둘째로 정신문명 건설과 사회주의 핵심 가치관 실천운동이다. 셋째로 1994년부터 시작되어 지금까지 중국 청년들을 하나로 결집시키는 사회주의 애국주의 교육운동이다.

아마 전 세계 모든 나라 가운데 중국 청년들의 애국주의 정신이 가장 투철할지도 모른다.

넷째로 **물리적 통제**다. 다른 말로 표현하면 무력 통제다.

중국에서 무력 통제는 군대와 정법 기관에 의해서 통제된다.

중국의 무장 역량은 세 가지 군사력을 이용하여 **무력 통제**를 한다. 첫 번째가 인민해방군이다. 우리나라는 군은 국가의 군대이지만 중국의 인민해방군은 중국공산당의 군대이다. 고로 중국 국방법에 따르면 인민해방군의 일차 임무는 공산당영도와 사회주의 제도의 공고화다. 즉 군은 공산당의 수호자다.

둘째 인민 무장경찰 부대다. 인민 무장경찰부대는 2가지 성격을 띠고 있다. 전시에는 인민해방군을 도와 후방수비와 전투 지원 업무를 맡고 평상시에는 국내치안 유지를 맡는 것이다.

셋째 민병이다. 민병은 군 복무를 하지 않는 18세에서 35세 사이의 남자로 구성되었다.

2014년 자료에 의하면 전국적으로 1200만 명 정도라고 하는데 느슨한 조직으로서 중앙군사위원회 영도를 받으며 이들은 생업에 종사하다가 전시에는 인민해방군으로 편성되고 평상시에는 치안 유지, 재난 지원 임무를 수행한다. 2019년 12월 우한시에 코로나가 발생했을 때 전국적으로 매일 20만 명 이상 민병이 동원되어 방역과 차량 통제 업무를 수행했다.

다섯 번째로 경제 통제다. 2001년 중국이 세계무역기구(WTO)에 가입한 이후 중국경제는 세계 경제와 유기적 결합해서 진행되었다. 이러한 상황 변화가 공산당영도 체제를 유지하는데 경제 통제는 대단히 중요한 요소로 부각되었다.

중국공산당에서 경제 통제는 매우 중요하다. 현재도 미래에도 공산당 입장에서 경제 통제를 포기하지 않을 것이다. 그 이유의 첫 번째는 통치의 정통성 확보를 위해서다 소련 및 동유럽 사회주의 국가들과 달리 중국이 선택한 개혁 개방 전략으로 국가의 굳건한 경제 통제를 전제로 한 결과는 우려와 달리 대성공을 했다.

둘째로 경제 통제는 사회주의 이념의 정당화를 위해서 필요하기 때문이다.

개혁개방시대에 공산당은 중국 특색의 사회주의 민주주의라는 정치 체제와 중국 특색의 사회주의 시장 경제라는 경제 체제를 운용한다고 주장한다. 이는 공산당 일당 지배체제를 정당화하기 위한 이론이다.

셋째 공산당의 경제 통제는 통치자금을 마련하기 위해서도 필요하다.

중국에는 국가 소유의 기업인 국유기업은 있어도 공산당 소유의 기업인 당 기업은 없다. 최소한 법률적으로는 그렇다. 그렇다면 엄청난 통치자금은 어디에서 조달할까? 공산당 당원이 내는 당비로는 새 발의 피다. 결국, 공산당의 통치자금은 국가 예산에서 충당하거나 아니면 국유자산의 수익금에서 사용해야 하는데 그러기 위해서 경제 통제는 필요하다.

앞으로 중국에 커다란 사회적 위기나 정치적 위기에 직면하여 대다수의 중국인이 현재의 통제 기제를 불신하고 거부하기까지는 오늘 중국공산당을 받치고 있는 다섯 가지 기둥 통제 기제가 계속될 것이고 공산당영도체제는 유지될 것이다.

중국에서는 자유와 민주는 더 이상 중국 국민이 갈망하고 꿈꾸는 가치가 아니다.

공산당 영도체제가 지속되기 좋은 국내외 조건이 형성되었다.

물론 이것이 언제까지 지속될지는 모르지만 변화될 때까지 우리는 기다리는 것 보다 오늘의 중국의 체제와 현실을 이해하고 여기에 맞게 우리는 전략을 수립해서 중국과 관계를 해나가야 한다고 본다(중국에 대하여 더 깊게 이해하려는 분들께는 서울대 조영남 교수가 쓴 『중국통치체제』를 권한다.).

'인천의 꿈! 대한민국의 미래' 비전을 실천하고 이루려는 지도자는 오늘의 중국체제와 흐름을 정확히 알아야 한다.

21세기에 세계를 종횡무진으로 활약하려는 **대한민국의 청년**이라면 우리나라의 가장 가까이 있는 중국의 체제와 중국의 젊은이들의 사고를 학습하고 이해를 해야 한다고 본다.

그래야만이 우리가 G3가 되어서 미국과 중국의 갈등을 조정하고 중재하여 **인류 행복을 최우선시하는 홍익인간**(弘益人間) 이념을 펼칠 수 있는 대한민국이 될 수 있다.

04
인천의 꿈이 가져야 할 책무

동북아시아에서 사람이 살기 좋은 자연환경을 갖춘 지역으로는 **필자는 경기만 일대라고** 생각한다. 개성 부근 배천에서 평택 아산까지를 경기만이라고 하는데 이 지역에는 해산물이 풍부하고 임진강, 한강 등 물이 풍부하여 농산물의 생산이 풍족한 연안 지역이다. 역사적으로 볼 때 이 지역은 큰 재난이나 재해가 없었다. 지진, 쓰나미, 태풍, 해일이 없는 사람이 살기에 가장 좋은 환경을 갖춘 지역이라고 지리학자들이 말한다. 이 경기만 지역의 중심이 **인천**이다.

근대에 들어서면서 인천은 대한민국의 개방과 이민, 문화, 문물교역, 제조산업과 경제 활동의 중심역할을 해 왔다. 혹자는 인천을 관문의 도시라고 하지만 필자는 그렇게 생각하지 않는다. 인천은 대한민국의 관문의 도시가 아닌 개항, 이민, 문물교역, 산업경제의 중심도시였고 오늘 또한 그 중심의 역할을 하고 있는 **창조와 희망의 도시**라고 생각한다.

우리나라는 물론 세계 여러 도시 중 인천만큼 지리적, 자연 환경적, 인구 생태학적, 산업공학적 좋은 여건을 지닌 도시가 많지 않다.

하늘과 바다와 땅을 함께 공유하며 활용할 수 있는 천혜의 여건을 갖춘 인천이다.

인천공항은 그 규모 면에서 세계 4대 공항 중 하나이며 공항시설, 운영, 서비스 등에서는 10년 넘게 압도적 1위 공항으로 하늘길을 통한 세계 속에 인천, 인천 속에 세계를 만들어 가고 있다. 또한, 중국이 경제대국으로 성장하며 황해권 시대에 있어서 인천의 항구는 환태평양 시대를 견인하는 항만도시로서 기능이 날로 확대되고 있으며 인천지역의 산업단지는 한국 수출산업경제의 핵심 역할과 인천의 배후도시 서울과 경기도의 부족한 모든 부분을 지원하는 기능을 수행하고 있다.

대한민국의 어떤 지역과도 비교할 때 내용과 규모 면에서 비교가 되지 않는 인천경제자유구역청은 세계 모든 나라의 롤모델이 되고 있으며 인천을 앞서가는 스마트도시로 만들어 가고 있다,

대한민국의 미래를 책임질 수 있는 하늘, 바다, 땅의 환경과 조건을 갖춘 인천과 인천의 꿈인 **인천시장**은 대한민국의 미래를 책임져야 할 **의무**와 **책무**를 지니고 있다.

05
인류의 행복실현은
하나님의 3대 축복으로부터

1987년경 가깝게 지내던 초등학교 교사가 자기 동생 결혼식에 주례를 서 달라고 하여 신랑이 나하고 나이 차이도 없어서 극구 사양하다가 처음 주례를 섰다. 이때부터 주례를 서다 보니까 생각보다 많은 분들이 주례를 부탁하기 시작하고 주말이면 빠짐없이 등산을 했던 나의 생활 패턴이 완전히 바뀌었다. 어느 일요일에는 하루에 4차례 주례를 선적도 있다 점심은 아예 포기하였다. 언젠가 1990년대 중반에 내 회사에서 일하다 퇴사한 직원이 주례를 부탁하여 천안까지 내려갔다.

일찍 도착하여 예식장 사무실에 앉아서 시간을 보내고 있는데 얼마 있다가 예식장 직원이 숨 가쁘게 뛰어 들어오면서 "혹시 주례 서려 오신 선생님 아니냐"고 물어보기에 "주례 서려고 왔다"라고 했더니 다른 신랑·신부가 주례가 오지 않아서 예식을 못 하고 있으니 대신 주례를 해달라고 사정하여 직원 결혼식 10분 전에는 주례를 마칠 수 있을 것 같아서 인연도 생전 한 번도 보지 못한 젊은 신랑·신부 주례를 봉사해 준 적도 있다.

선거법으로 정치인들 주례를 금지하는 시기까지 참으로 많은 결혼식 주례를 섰다. 내가 주례를 설 때 신랑·신부에게 가장 많이 강조했던 내용이 성서 창세기 제1장 28절 말씀이다. 하나님의 말씀 창세기의 천지창조 과정을 보면 하나님께서 천지와 모든 피조물을 만드시고 여섯째 날 하나님의 창조 기쁨으로 당신의 형상과 성상을 닮은 자율성과 창조성을 가지고 스스로 보다 높은 가치를 추구해가는 능력을 가진 우리 사람을 창조하시고 인간에게 은총의 축복을 해주셨다.

첫 번째로 하나님께서는 당신의 자녀로 택한 우리 인간에게 잘 먹고 잘살아라. 너희 생명은 그 어떤 것 하고도 바꿀 수 없는 소중하고 귀한 존귀한 생명이니 그 생명을 소중히 여기고 스스로 잘살 수 있는 축복을 해 주셨다. 이것이 첫 번째 생육의 축복이다.

두 번째 축복이 하나님께서 당신을 닮은 꼴로 우리 사람을 지으셨듯이 당신의 자녀 우리들에게도 너희는 너희와 닮은 자녀를 온 세상에 가득하도록 번성시켜라 축복을 해 주셨다. 오늘날 인구 감소와 무자식 상팔자라는 말이 통용되고 결혼을 하지 않는 독신자가 날로 증가되는 현상을 보면서 많은 우려가 생긴다.

우리 인간이 세상에 태어나서 나름대로 많은 것을 이루고 남기고 간다. 그 인생에 있어서 이루고 남긴 부와 여러 업적보다 부부가 사랑해서 만든 가장 자기와 닮은 위대한 걸작품 자녀를 만드는 것이야말로 기쁨이요, 보람이요, 행복의 진수라고 생각한다.

우리 인간이 태어나서 성장하여 짝을 이루어 서로 사랑하여 자녀를 번식하도록 주신 두 번째 축복이야말로 일평생 살아가면서 인간이 감사해야 할 하나님이 축복이다.

세 번째 하나님께서 바다에 있는 물고기도 땅 위에 있는 모든 짐승도 하늘을 나는 새도 이 세상의 모든 피조물을 너희를 위해서 만들었고 너희를 위해서 있도록 했으니 너희가 이것을 다스리고 주관해라는 만물을 주관하라는 축복을 해 주셨다.

우리 인간은 태어나면서부터 하나님의 사랑이 담긴 무한대의 축복을 받고 태어났다. 그러기에 우리는 그 축복의 내용을 스스로 향상시켜서 우리가 행복하게 세상을 살아가야 할 권리도 있지만, 그 축복을 온전히 실행해서 축복을 내려주신 하나님이 기뻐하시도록 해드릴 책임도 있다. 왜냐하면, 하나님은 우리를 기쁨의 대상으로 창조했기 때문이다. 우리의 부모들이 자식 낳고 가장 바라는 것이 뭐냐면, 자식들이 즐겁고 행복하게 사는 것일 것이다. 하나님의 심정은 부모의 심정이고 우리가 닮은꼴로 세상에 태어났기 때문이다. 이것은 인류 모두에게 통용되는 만고불변의 진리다.

인류가 하나님으로부터 받은 3대 축복을 우리 인간들이 스스로 자율적으로 축복의 내용을 더욱 발전시키기 위해서 노력했다면 오늘의 세계는 어떻게 되었을까 생각해 본다.

오늘날 우리가 살고 있는 세계는 하나님이 축복해 준 내용과 다르게 흘러가는 것이 너무도 많다. 그러다 보니 인류의 행복실현을 위해서 깨달은 자들의 선각자적 헌신과 봉사와 노력이 필요한 시대다.

세계도처에서 일어나는 전쟁과 기아와 질병에 의해 자신의 의지와 다르게 죽어가는 사람들, 무분별한 자연환경파괴와 끊임없는 탐욕의 욕망이 가져온 자본의 관리 횡포로 발생된 전 세계의 양극화는 우리 인류를 불행의 불구덩이로 몰아가고 있는 오늘의 실태를 어느 누구도 부정하지 못할 것이다.

제가 계속 강조하는 '인천의 꿈! 대한민국의 미래' 비전에는 적어도 하나님의 3대 축복을 온전히 인류가 누리면서 보다 향상시키기 위해서 노력하는 삶의 터전이 지구가 되도록 해야 하고 그러한 삶을 살아가는 시간의 역사를 만들어 가는 실천적 비전이 되어야 한다고 생각한다. 꿈은 꾸는 자의 것이고 **꿈꾸는 자**가 꿈을 이루려고 노력하면 반드시 이루어진다고 한다. 그것은 우리에게 하나님의 창조 축복과 그 축복을 이룰 수 있는 **자율의식과 창조적 에너지**가 흐르고 있기 때문이다.

미국 예일대 '종교와 생태포럼' 공동책임자 메리 에벌린 터거(Mary Evelyn Tucker) 교수는 지구와 공존하는 미래에 관하여 우리가 "경외, 존중, 상호의 존중, 제한, 책임, 회복"의 가치를 살리는 것이 지구윤리를 회복하는 길이라고 강조했다. 대단히 깊은 사색과 연구에서 정리된 내용이다. 우리는 하나님과 모든 인간과 자연 만물 피조세계와 관계에서 우리가 늘 생각하고 행동하고 책임져야 할 덕목이라고 본다. 터거 교수는 "자연을 이용하기 위해 고갈시키는 자원으로 보는 것이 아니라 **생명의 원천으로 자연의 가치**를 재평가해야 한다"며 "자연이 인간에게 얼마나 유용한 지를 보는 것이 아니라 **자연의 내재적 가치**를 봐야 한다"고 강조했다.

동양철학과 도교(道敎)에서는 인간은 대우주 속에 소우주이고 우주 전체가 인간과 함께 교류한다는 것이다. 이것은 곧 인간이 소우주로서 대우주의 피조물인 자연의 내재가치를 볼 수 있는 의식이 있다는 뜻이다. 이는 인간이 살고 있는 지구와 우주는 하나님의 창조목적에 우리 인간에 주신 3대 축복은 피조세계를 창조한 조물주로서 우리 인간에게 모든 것을 주었기에 이를 번영시키고 지속발전과 운영하는 것의 책임이 우리에게 있다고 본다. 고로 오늘 지구상에 살고 있는 현자(賢者)들이 하나님의 3대 창조목적을 이루기 위해서 보다 폭넓게 인류와 지구를 위한 공동체 운동을 확산 전개시켜야 하고 '인천의 꿈! 대한민국의 미래'의 근원적인 기본 철학도 하나님이 주신 3대 축복을 통한 인류 행복 실현에 그 실천적 행동으로 전개해야 한다고 본다.

06
G20 정상회의와 유라시아그룹의
2023 리스크10

1999년 9월 G7 재무장관회의에서 세계 문제를 선진국만으로 해결할 수 없다고 생각한 결과 세계문제해결을 위한 폭넓은 틀을 새롭게 만들자고 합의하고 성명서를 발표했다.

1999년 12월 독일 베를린에서 G20의 새로운 모임이 만들어지고 제1차 회의를 했다.

세계문제해결을 위한 커다란 모임이 21세기에 만들어졌지만, 러시아 우크라이나 침공으로 G20의 기본 틀에도 막대한 영향을 미치고 다시 세계는 분단으로 패권 싸움의 징조가 보인다.

필자는 국제사회의 조정역을 맡고 있는 UN이 국제사회가 세계화되면서 국가 간에 다양한 문제가 증가 되기 시작했고 안전보장이사회의 상임이사국에서 한나라만이라도 반대를 할 경우 분쟁 해결의 합의 결론을 낼 수 없는 구조적인 모순을 극복하기 위해서 특히 세계의 굵직한 현안 문제해결을 실질적으로 이해관계가 중첩되는 선진국가와 주요 신흥 국가로 구성된 국제경제협의체 G20에 큰 기대를 걸고 있다.

G20은 G7(미국, 영국, 프랑스, 일본, 독일, 이탈리아, 캐나다) + G8(러시아) + 한국, 중국, 브라질, 인도, 멕시코, 호주, 남아프리카, 오스트레일리아, EU(유럽연합), 사우디아라비아, 튀르키예, 아르헨티나, AU(아프리카 연합)이며, 이들 국가들이 전 세계 경제 80% 이상을 차지하고 있다.

G20이 구성되면서 그 주요기능은 세계 경제의 안정과 지속 가능성을 증진시키고 경제성장과 일자리 창출을 촉진하고 무역장벽을 제거하는 경제협력을 강화하며 개발도상국의 경제발전과 빈곤 문제해결을 위해 협력하기로 약속했다. 특히 지구 환경 생태계 보존을 위한 기후변화와 관련하여 지속 가능한 환경정책을 논의하고 대응방안을 모색하여 앞장서서 실천하기로 합의한 것이다.

이와 같이 세계의 번영을 위한 지속적인 지구촌 경제발전과 환경 문제해결을 위한 실천적 행동을 하자고 구성된 G20[2]이 팬데믹을 거치면서 보호무역으로 자국의 이익을 최우선시하고 GVC(글로벌공급망)의 갈등이 증폭되면서 새로운 경제무역 주도권 세력 다툼으로 변화되고 있다.

2023년 G20 뉴델리 정상회의는 개최국인 인도가 중국을 제치고 인구 세계 1위 국가가 되고 인류역사상 최초로 달남극에 찬드라안 3호로 착륙시킨 성공의 분위기를 확대시켜 G20 정상회의를 성공적 추진을 하려고 했으나 세계 각계각층에서는 성과가 없는 빈 껍데기 G20이었고 G20이 본래의 창립 취지와 목적에 부응하지 못하고 강대국의 패권

---

2) 세계 경제를 이끄는 G7에 12개의 신흥국·주요경제국 및 유럽연합(EU)을 더한 20개의 국가 및 지역 모임이다. 또한 아시아 금융 위기 이후 금융, 외환 등에 관련된 국제적 위기 대체 시스템의 부재가 문제점으로 지적되면서, 1999년 9월 IMF 연차총회 당시 개최된 G8 재무장관회의에서 G8 국가와 주요 신흥시장국이 참여하는 G20 창설에 합의하였다.

전쟁의 도구로 전락하고 있다고 우려를 나타냈다.

미국의 싱크탱크인 **유라시아그룹**[3]이 「2023년 세계 10대 지정학적 리스크 보고서」를 발표했는데 ❶ 불량국(Rogue) 러시아, ❷ 시진핑의 권력 극대화(Maximum), ❸ 대량살상무기, ❹ 인플레이션 충격파, ❺ 궁지에 몰린 이란, ❻ 에너지 위기, ❼ 글로벌 개발 중단, ❽ 미국의 양분화, ❾ 틱톡 붐, ❿ 세계적인 물 부족 사태를 꼽았다.

지금 이 글을 쓰고 있는 2023년 10월 9일 유라시아그룹이 연초에 발표한 2023년 10가지 리스크가 거의 다 맞아 들어가는 것 같아서 온몸에 한기를 느낀다.

국제재판소에서 검거될 위험 때문에 G20 회의에 참석하지도 못한 불량국가 러시아 푸틴(Vladimir Putin)의 목에 누가 방울을 달 것인가? 팔레스타인 무장세력 하마스(Islamic Resistance Movement)가 이스라엘 무차별 공격하고 세계 곳곳에서 산재되어 있는 통제 불가능한 대량살상무기, 중동지역 전쟁으로 더욱 가중되는 에너지 위기, 보호무역과 자국 이익 우선 정책으로 글로벌 투자와 개발의 퇴조, 지구 전체가 사막화되어가는 무분별하게 뽑아서 고갈상태의 지하수, 세계적으로 이미 물 부족은 심각한 상태이고 물이 제삼의 자원으로 안보의 중요한 무기화가 되고 국가 간에 제일 큰 분쟁 요소이고 지구촌 재앙이 될 수 있다.

삼천리 금수강산으로 불리는 우리나라도 세계에서 제일 좋은 원수를 가진 나라이면서 연간 수돗물 관리에 수조의 예산을 투자하는데도

---

3) 미국의 국제정치학자 **이안 브레머**(Ian Bremmer)가 세계 각국 정치, 경제, 안보에 대하여 컨설팅하는 뉴욕에 본사를 둔 경영회사이다.

우리 국민 3~4% 정도만 수돗물을 음용하고 나머지는 개인이 많은 돈을 드려서 환경 파괴의 주원인인 페트병을 이용한 생수나 정수기 물에 의존하고 있는 실정이다. 이 또한 몇 년 안 가서 우리도 물 부족과 지하수 고갈로 엄청난 대가를 지불하게 될 것이라고 생각한다.

G3를 희망하는 대한민국의 청년과 천만 도시 인천시대를 출발시킨 '인천의 꿈! 대한민국의 미래'의 소명인들은 G20이 추구하고자 하는 목적을 이루기 위해서 대한민국이 G20의 중추적 역할을 하도록 뒷받침해야 하고 유러시아그룹에서 지적한 2023년 리스크 10에 대하여서 깊은 통찰과 연구와 그에 대한 대응과 해결방안도 모색해야 한다고 생각한다.

07
대한민국 이념의 갈등
이대로 방치해서는 안된다

대한민국의 정치는 보수진영과 진보진영의 첨예한 대립으로 양 진영을 적극적 지지하거나가 가담해있는 사람들은 자기와 다른 진영의 사람을 원수처럼 대하고 다른 진영에 대해서는 무조건 악이고, 인정하지 않고 들으려고 하지 않고 내 편의 이야기만 듣고 내 편이 잘못해도 이유 있는 잘못이기 때문에 관대하게 대하면서 민주주권 국민의 권리를 포기한 듯이 묻지마 투표를 한다. 이것이 오늘날 우리 한국의 정치 현실이다.

보수와 진보의 개념은 무엇인가?

보수와 진보는 통합할 수 없는 추구하는 목적이 전혀 다른 대립의 관계인가?

오늘날 한국에서 보수와 진보를 대립하는 개념으로 통용되고 있는데 내가 생각하는 보수와 진보의 개념은 대립의 개념이 아니다. 분단국가이며 체제가 완전 다른 남북한 대립구조에서 보수와 진보를 정치적으로 이용하다 보니 본래의 보수·진보의 개념이 잘못 정립되었다.

보수는 과거로부터 내려온 관습과 전통을 지키며 체제 안에 모순을 점진적으로 변화 발전시키려는 사고이고, **진보**는 과거의 전통을 지키고 계승하면서도 창조적 파괴를 통해 체제 내부의 모순을 급진적으로 개혁하려는 생각이다.

발전과 개혁하는 방법과 속도의 차이가 있을 수 있지만 추구하는 목표는 똑같이 우파의 기본사상인 **자유민주주의**이다.

고로 보수우파 진보우파라는 말은 성립되지만, 진보좌파라는 말은 성립되지 않는다. 진보좌파라는 말이 성립되려면 보수좌파라는 용어도 성립돼야 하기 때문에 다시 말해서 자유민주주의 추구하는 진보와 사회주의 추구하는 좌파를 한데 묶어서 진보좌파라고 부를 수 없기 때문이다. 마르크스, 레닌의 공산주의와 세계 공산화를 위한 소비에트의 전술적 차원에 사회주의, 사회 민주주의라는 용어로 변형시켜 선전선동 전술로 활용한 것을 우리나라에서는 공산주의와 김일성 주체사상으로 학습된 한반도를 공산주의로 통일하려는 자들에 의해 정치적으로 진보를 이용하고 사회주의 좌파 세력들이 진보의 탈을 쓴 위장 전략에 의해 진보가 좌파사회주의자들의 전용물이 되어버렸다.

그러다 보니 한국 사회에서 이데올로기의 개념의 대혼란이 와서 인류의 존엄한 생명의 가치, 자유와 민주의 가치를 합목적으로 발전시켜야 할 보수의 가치와 진보의 가치가 대립양상으로 만들어지고 자유진보 사고를 가진 사람들의 활동 폭이 아주 적게 좁아져서 국가와 사회발전에 크게 기여 못 하고 있다.

좌파는 진보가 아니다 좌파는 좌파 그대로 공산주의 사회주의자이다.

우리나라 정치권에서부터 민주주의의 보수, 진보와 사회주의 좌파를 확실히 구분하는 작업이 필요하다.

이념의 개념이 정립되지 않고 한국 사회를 공산화하려는 세력들에 의해서 계속 우리의 정치이념의 가치가 농락당한다면 우리 정치 사회는 끊임없이 대립과 갈등, 진영 논리, 흑백논리로 계속해서 혼란은 지속되고 이에 대한 엄청난 대가를 지불하게 될 것이다.

내 생각이 위험한 발상이 될 수도 있지만 이제 우리가 국민소득 3만 5천 불을 넘어서고 있고 국가경쟁력 세계 6위 국가로서 자신감을 갖고 지하에 숨어서 고도의 훈련과 학습과 계획화된 방법으로 체제를 흔드는 세력과 평화와 정의 진보라는 위장을 탈을 쓰고 개혁과 진보를 앞세우는 정치 사회 등 여러 분야에서 마르크스주의로 김일성 주체사상으로 한반도 공산화하는 세력들을 양지로 나오게 하여서 일본이나 유럽국가처럼 정치의 자유가 보장되는 선에서 사회주의당 또는 공산당 간판을 달고 합법적으로 활동하게 만들 때 오히려 우리 국민이 더욱 자유민주주의, 보수진보적 이념과 가치가 구축되어서 사회주의 공산주의 추구하는 좌파들을 이 땅에서 발을 못 붙이게 할 수 있지 않을까 생각도 해본다.

우리 대한민국은 일제강점기 임시정부 시절부터 민족끼리 이념 갈등이 시작되어 해방 이후 분단이 되는 민족사에 한을 남겼다. 이제는 독립된 자유민주주의의 국가에서도 끊임없이 전개되는 이념의 대립과 갈등의 문제를 해결하여야 만이 진정한 '인천의 꿈! 대한민국의 미래'가 이루어질 수 있다고 본다.

08
정치란 무엇인가?

정치란 무엇인가? / 한국정치 이대로 좋은가? / 세계 정치지도자들이 시대를 어떻게 관조하고 있는가?

정치에 대하여 정의를 내릴 때 간단명료한 정답은 없는 것 같다. 왜냐하면 정치자체가 가지고 있는 그 의미는 우리 인간들이 살아가면서 접해야 하는 모든 부분에 직접적으로 가장 크게 영향을 미치고 있기 때문이다. 혹자는 정치는 사람과 사람 사이, 지역과 조직과 직능의 이해관계에 발생되는 의견의 차이나 갈등을 협의와 조정과 타협으로 각자가 요구하는 것을 만족시키기 위해서 원만하게 해결해 가는 과정이라고 말한다.

세계의 정치학자들이 정치에 대하여 다양하게 말하고 있지만 나는 우리나라 헌법 전문에 정치에 대하여 정확히 규정했다고 본다.

「대한민국헌법 전문」

유구한 역사와 전통에 빛나는 우리 대한민국은 3·1운동으로 건립된 대한민국 임시정부의 법통과 불의에 항거한 4·19민주이념을 계승하고, 조국의 민주개혁과 평화적 통일의 사명에 입각하여 정의·인도와 동포애로써 민족의 단결을 공고히 하고, 모든 사회적 폐습과 불의를 타파하며, 자율과 조화를 바탕으로 자유민주적 기본질서를 더욱 확고히 하여 정치·경제·사회·문화의 모든 영역에 있어서 각인의 기회를 균등히 하고, 능력을 최고도로 발휘하게 하며, 자유와 권리에 따르는 책임과 의무를 완수하게 하여, 안으로는 국민 생활의 균등한 향상을 기하고 밖으로는 항구적인 세계 평화와 인류공영에 이바지함으로써 우리들과 우리들의 자손의 안전과 자유와 행복을 영원히 확보할 것을 다짐하면서 1948년 7월 12일에 제정되고 8차에 걸쳐 개정된 헌법을 이제 국회의 의결을 거쳐 국민투표에 의하여 개정한다.

「대한민국헌법」 전문(前文)에서 "정치·경제·사회·문화의 모든 영역에 있어서 모든 사람의 기회를 균등히 하고" "능력을 최고도로 발휘하게 하며" "자유와 권리에 따르는 책임과 의무를 완수하게 하며" 국가적으로는 "국민 생활의 균등한 향상을 기하고" 세계적으로는 "항구적인 세계 평화와 인류 공영에 이바지함으로써" 우리와 인류의 "안전과 자유와 행복을 영원히 담보하겠다"는 뜻을 천명한 「대한민국헌법」 전문이야말로 인류가 바라고 세계정치가들이 실천 실현해야 할 **정치의 행위요 목표**라고 본다.

또한 대한민국의 국민은 「대한민국헌법」에 있는 세계 평화와 인류공영에 항구적으로 기여하겠다는 헌법적 가치를 지니고 살아가야 할 의

무가 있다고 생각한다. 아울러 대한민국의 정치사회지도자는 인류의 평화와 번영을 위해서 헌신 봉사해야 할 책임과 책무를 지니고 있다.

이러한 책임과 책무를 다할 수 있는 철학과 가치관을 확립한 실천적 지도자가 '인천의 꿈! 대한민국의 미래'를 만들어 가는 지도자라고 본다.

하나도 사람, 둘도 사람,
셋·넷·다섯도 사람!

01
'인천의 꿈! 대한민국의 미래' 리더십

포스트 코로나(Post Corona) 이후 우리는 태평성대시대에 살고 있다고 보지 않는다. 아무도 예측하지 못하고 설마 했던 우크라이나 전쟁은 지구촌을 암울하게 만들고 그로 말미암아 사망자 수가 발표에 의하면 현재 50만 명이 육박하지만, 이스라엘 정보기관 모사드 보고서 내용으로는 몇 배가 더 된다고 한다. 최첨단 기술로 전 세계가 일일생활권으로 접어든 인류역사상 최고의 문명과학 기술시대라는 오늘날 전쟁에 의해서 수십만 명의 숭고한 생명이 죽어야 하고 이 전쟁을 중재, 종식 시키지 못하고 자국으로 불똥이 튀지 않게 하면서 방관하는 오늘의 세계를 우리는 어떻게 보아야 할지 2023년 세계경제포럼(WEF)이 주최하는 「다보스 포럼」에서 향후 2년간의 세계에 일어날 10가지 리스크를 지적했다.

① 생계비의 위기, ② 기후문제, ③ 지정학적 갈등, ④ 기후변화와 완화 실패, ⑤ 사회 결속력 약화와 양극화, ⑥ 대규모 환경 파괴, ⑦ 기후변화 적응 실패, ⑧ 사이버범죄 확산 및 불안, ⑨ 자원 위기, ⑩ 대규모 비자 발급 및 이주가 지구촌에 큰 위기를 가져오게 될 것이라고 다보스 포럼에서 진단했다.

정말로 인류는 소멸위기에 처해 있는가?

기후변화, 지구온난화라는 평범한 표현을 계속 써도 좋은가?

일부 학자들이 말하는 태양열이 약간 더 조금 많이 지구로 오는 소소한 변화가 아닌 기후 붕괴가 코앞에 닥쳤는가?

앞으로 10년 후 아프리카 대륙은 사람이 살 수 없는 사막으로 변한다고 하는데 사우디아라비아 무함마드 빈 살만은 중동사막에 1,700조를 투자해서 미래형 '네옴시티' 신도시를 만들겠다고 한다.

네옴시티에 투자되는 자금을 아프리카 사막화를 막는데 투자하면 아프리카를 살릴 수 있지 않을까?

오늘날 세계에서 인구증가가 가장 많이 되고 있는 지역이 **아프리카**이다. 아이로니컬하게도 우리나라는 세계에서 가장 낮은 출산율 0.7%를 기록하고 있다. 현재 인구 13억의 인구를 가진 아프리카 대륙이 21세기 말에는 40억 인구로 증가 된다고 한다.

사막화되고 물과 식량이 없는 아프리카의 인구 40억 중에서 10%인 4억 명이 중동, 유럽, 아시아로 탈출한다고 가정해 보자 이것이야말로 지구촌의 위기와 대재앙이 시작되는 것이다.

'인천의 꿈! 대한민국의 미래'의 리더십(leadership)은 인천과 대한민국에 국한되어 서는 안된다고 생각한다. 2019년 12월 중국 우한에서 코로나가 발생하자 전 세계는 자국의 대문을 걸어 잠그기 시작했다. COVID 2019는 대문을 걸어 잠가서 해결될 수 있을지 모르지만, 식량문제와 기후문제 인구문제는 담벼락을 높게 쌓고 문을 걸어 잠근다고 해결되지 않는다. 공생 공영 공존의 정신으로 인류번영을 도모하고 협력할 때만이 문제해결이 가능하다.

코로나가 한참 확산될 때 문제해결을 위해서 미국의 트럼프, 중국 시진핑, 일본 아베, 한국의 문재인에게 물어봐도 아무런 대답도 없을뿐더러 문제해결을 할 수 없다고 한다. 문제해결을 위해서는 코로나한테 물어보면 답이 나온다는 우스게스런 말도 있었다. 지나온 역사를 반추해보면 인류 문명사에 한 획을 긋고 발전 도약하기 위해서는 과감한 도전이 필요하고 이러한 도전과 변화 시기에는 반드시 위기가 동반되는데 위기를 극복하기 위해서 준비한 사람들에게 기회가 동반된다는 사실을 우리는 알고 있다.

오늘날 시대를 지도력 위기 시대라고 한다. 그 어느 때 보다 수평적 리더십이 필요한 시대이다. 한국인으로서 이 시대 세계를 대표하는 글로벌 지도자 **반기문** 유엔사무총장이 2023년 8월 31일 한림대학교 특별강연에서 "리더십은 물처럼 흐르는 것이다." "지금 잠을 자면 꿈을 꾼다. 그러나 지금 공부를 하면 꿈을 실현시킨다."라고 강조했다. 조용한 리더십으로 스스로 인류에 당면한 문제해결을 위한 실천적 행동을 하는 반기문 총장의 활동과 리더십을 반면교사로 삼아야 할 것이다.

'인천의 꿈! 대한민국의 미래'의 리더십은 미지의 세계를 개척하는 리더십이다. 우리들의 미래는 언제나 용기와 통찰력을 가진 탁월한 리더를 필요한 시대였다.

이런 리더는 변화하는 시대에 빠르게 대응하고 위대한 삶을 스스로 창조해가는 역량과 지구촌의 구성원과 함께하겠다는 정직한 생활철학을 가진 실천적인 사람이어야 한다.

02
이승만, 박정희, 김대중,
세 분 대통령을 넘어서

'인천의 꿈! 대한국의 미래'를 실현시킬 지도자는 자유민주주의 신념의 소유자 **이승만** 대통령, 산업화 이룬 **박정희** 대통령, 민주화 실현과 IMF를 극복한 **김대중** 대통령의 세 분 대통령을 넘어서 위대한 대한민국을 진취적이고 미래지향적이며 지도자로서 가장 기본적인 덕목인 **정직과 공정과 정의로움**을 갖추고 국민과 함께 대한민국을 G3로 이끌고 인류와 함께 **지구촌의 공존과 번영을 위한 확고한 철학과 가치관**을 가지고 **강력한 추진력을 지닌 사람**이어야 한다.

상해 임시정부의 초대 대통령으로 추대되었던 우남 이승만 대통령은 광복 이후 대한민국의 건국 초대 대통령으로서 자유민주주의에 대한 신념이 확고한 대통령으로서 대한민국을 민주공화국으로 만드는데 이바지한 그 공로는 누구도 부인할 수 없다.

뛰어난 국제외교 능력으로 우리나라를 국제적 승인이나 문맹퇴치를 위한 초등학교까지 의무교육 시행과 농지개혁 등은 대한민국을 자유민주주의 시장경제체제의 나라로 만드는 초석을 다졌다고 본다.

세계 최빈국인 대한민국을 새마을 운동과 산림녹화정책 경제개발정책으로 산업화를 성공하여 원조받는 국가에서 원조를 주는 한강의 기적을 이룬 박정희 대통령의 국가 경제발전 리더십은 전 세계 개발도상국의 모델이 되고 있다.

정치적 탄압과 수차례의 대권 도전에 실패하고도 이에 굴하지 않고 대한민국 역사상 처음으로 수평적 정권 교체를 이룩하고 명실공히 전 세계에 민주화를 이룬 나라라고 떳떳하게 자랑할 수 있고 특히 정치 보복을 지양하고 통합의 정치를 실천하려고 노력했던 김대중 대통령이 남긴 정치적 자산 또한 우리 대한민국의 자랑이다.

대한민국 임시정부 수립 이전부터 오늘날까지 100년의 역사 속에 지구상에서 우리나라가 사라질 수 있는 많은 어려움과 갈등과 위기가 있었지만, 지혜와 용기 있는 많은 지도자들의 헌신적인 노력이 있었고 특히 이승만, 박정희, 김대중과 같은 걸출한 대통령이 있었기에 오늘 우리나라가 세계 10위 또는 세계 6위권에 진입한 선진국이 된 것이다.

'인천의 꿈! 대한민국의 미래' 비전은 우리나라의 외적으로 국가경쟁력이 앞서가는 나라가 되어야 하지만 더욱 중요한 것은 국가의 품격과 문화의 역량 정신적 가치 면에서도 세계를 이끌어가는 K-리더십이 발휘되는 대한민국을 만들어 일하는 데 있다.

03
어리석은 자에게 우리의 미래를
맡길 수 없다

"인류에게 가장 위협적인 존재는 지진도, 쓰나미도, 양심 없는 정치인도, 탐욕스러운 경영자도, 수상한 음모자도 아니다. 바로 전 세계에 걸쳐 모든 분야를 휘감고 있으며 역사상 유례없이 전개되고 있는 거대한 어리석음이다. 이 사실을 믿지 못하는 이라면 이미 어리석음에 감염된 것이다."

상식을 배신하는 수천억대의 금융곡예, 신념 대신 인기를 탐색하는 정치가, 중세 신화시대로 역행하는 종교 지도자, 광기의 권력 시스템이 보이지 않는 눈가리개로 세상을 뒤덮고 있다.

"인간에게 적절한 명칭은 호모사피엔스(지혜로운 인간)가 아닌 호모 데멘스(Homo Demens) 즉 광기의 인간이다."

오만하고 맹목적인 집단 속에서 더 어리석어지는 인간이 지금 당장 해야 할 일은 인류 위기의 근본 원인과 인간이 만들어 놓은 시스템에 대한 냉철한 판단이다.

미국의 제2대 대통령 존 애덤스(John Adams)는 "다른 모든 학문이 진보하는 동안 정치기술은 제자리걸음을 걷고 있으며 3,000년이나 4,000년 전보다 나아진 것이 없다"라고 18세기에 이에 한탄한 바 있다.

인간이 어리석은 자의 권력을 영속적으로 행사할 수 없다는 사실은 천재가 아니라도 인식할 수 있다. 선입견에 사로잡히지 않는 아이의 눈으로 세상을 관찰하기만 해도 충분하다.

안데르센의 동화(임금님은 벌거숭이)에서 "어른들의 어리석은 속임수"에 아랑곳하지 않은 단 한 명의 꼬마가 궁정 전체의 광기를 무너뜨렸다. 나는 오늘을 살아가는 사람들이 점점 이 꼬마의 행동을 따랐으면 한다. 우리 인간에게는 놀라울 만큼 복합적이면서도 변화할 수 있는 사고 기관을 가지고 있다.

명철한 각성을 바탕으로 어리석음의 견고한 틀을 깨고 어리석은 자들에 의한 권력 형성을 막고 진실과 현명한 자들에 의해서 권력이 이끌어져야 한다. 위 내용은 『어리석은 자에게 권력을 주지 마라』 책 서문에 있는 글이다.

미하엘 슈미트-살로몬(Michael Schmidt-Salomon)은 독일의 과학, 인류학, 윤리 이해 이론을 연구하는 철학 박사이면서 두려움을 모르는 사상가 작곡가이자 뮤지션으로 불리운다. 저명한 과학자, 철학자, 예술가들이 속한 지오르다노 브루노 재단(Giordano Bruno Stiftung) 공동 설립자이자 대표이사이다.

미하엘 슈미트–살로몬이 주장한 "어리석은 자에게 권력을 주지 마라"는 의견에 나는 100% 공감하고 동의한다. 그러기에 나는 지금까지 지도자를 선택할 때 지도자를 뽑을 때 신중 신중을 기해왔다고 자부한다. 최선이 아니면 차선 차선이 아니면 차차선이라도 인류 행복실현이라는 보편적 가치를 소중히 여기면서 보다 높은 가치를 위해서 정직, 배려, 나눔의 인간의 가장 기본적 양식을 지닌 지도자를 선택해 왔다.

필자가 '인천의 꿈! 대한민국의 미래'라는 비전을 토대로 글을 쓰는 것은 위 비전의 확고한 신념을 가지고 실천적 행동을 하는 **유정복** 인천광역시장이 미하엘 슈미트–살로몬이 말하는 **어리석은 사람이 아니라는 믿음**을 가지고 있기에 '인천의 꿈! 대한민국의 미래'가 대한민국 국민과 함께하고 인류와 공생하는 어리석은 권력이 아닌 인천시민 권력으로 자리 잡는데 바램을 가지고 의견을 개진하게 되었다.

필자는 유정복 시장을 어리석은 사람으로 보지 않지만 다른 사람에게는 어떻게 비칠지 모른다. 혹자는 유 시장을 어리석은 사람으로 볼 수 있다. 그들의 눈에는 '인천의 꿈! 대한민국의 미래'가 허상으로 보고 생각할 수도 있을 것이라고 본다.

그래도 필자는 그 사람들을 탓할 수 없다. 왜냐하면 나는 다름을 인정하고 살고자 하기 때문이다. 그 다름을 유정복 시장도 인정한다면 유정복 시장 본인을 어리석은 사람으로 보는 사람들의 생각을 변화시키는 몫은 유 시장 몫이다.

다름을 인정하고 균형적 사고로 소통하며 합일점을 찾아가는 노력은 지도자가 되려는 사람들의 최소한의 노력과 투자가 이루어져야 한다고 **본다**.
'인천의 꿈! 대한민국의 미래'를 실현하고자 쉬지 않고 정진하는 유정
복 시장에게 기대를 걸고 있다.

04
새로운 세계 갈등 해결방안은 있는가?

세상에는 공짜가 없다. 모든 일에는 희생과 대가가 따른다.

무엇인가 얻고 싶거나 하면 그 순간부터 대가를 치르는 일이 생긴다. 그렇다면 아무것도 하지 말라는 말인가? 아무것도 하지 않으면 아무 일도 생기지 않고 변화와 발전은 없다.

인간은 태어나면서부터 생존 본능에 의해서 성취하고자 하는 욕구와 소유하고자 하는 욕망을 달성하기 위해서 교육을 받고 치열한 경쟁 속에서 살아가는 데 익숙해졌다.

인류 역사는 농경 사회를 거쳐 증기와 전기에 의한 공업사회를 거쳐 인터넷에 의한 정보화 혁명, 디지털 사회를 거쳐 이제 세계는 초연결, 초지능, 초융복합으로 정의되는 제4차 산업혁명시대에 살고 있다.

제4차 산업혁명시대는 디지털의 전환과 사이버 물리 시스템으로 오프라인과 온라인의 결합된 현실과 가상의 세계가 연결되는 융합의 세계이다. 이렇게 과학기술이 고도화되면 오늘날 세계가 앓고 있는 기후 문제 등을 과학기술로 해결할 수 있을 것이라고 기대를 했고 또한 국제적 갈등과 대립이 없어져서 인류의 행복한 시대로 도래될 것이라는 희망을 가졌다.

그러나 오늘날 최첨단 과학기술을 자국의 이익으로 최우선시하고 과학기술을 안보화하고 과학기술을 토대로 발전된 경제를 **경제 안보**로 정의하면서 과학기술과 경제를 중심 삼은 기술경제 패권의 경쟁 시대를 만들고 있다. 이를 우리는 **신냉전** 시대, **기술 패권** 시대, **기정학** 시대라고 부른다.

20세기 후반부터 시작된 탈냉전 시대에 국제사회는 지구촌 공동체를 주장하면서 세계화를 이룩했다. 세계 경제를 상호 보완적으로 발전시켰고 개방 무역과 다자무역을 기반으로 국경이 없는 시장 경제와 지구촌 원자재는 공유의 개념으로 관리하고 운영되다가 지금은 경제를 군사화 안보화 개념으로 설정하고 식량을 무기화하는 신냉전 시대가 시작되는 조짐이 보여서 지구촌의 평화와 번영에 문제로 대두되고 있다.

세계화가 퇴조되면서 기술 패권 시대 신냉전 시대가 싹트는 21세기는 어떻게 마무리될 것인가? 혼탁한 국제정세와 신기술의 초고속 발전으로 상상을 예측할 수 없는 다양한 미래사회가 도래되는 것은 사실이다. 미래는 예측 가능한가? 미래를 예측하는 것도 중요하지만, 미래를 알려면 **미래를 생각하는 사람들**이 미래를 만들어야 한다.

세계 미래학자나 과학자들도 코로나바이러스에 의해서 세계가 멈추리라는 것을 아무도 예측하지 못했다. 팬데믹에 의해 세계가 미궁으로 빠져들고 최첨단 과학기술을 자랑한 세계 각국이 무기력하게 되고 말았다. 2019년 코로나(COVID 2019)로 세계가 엄청난 대가를 치르고 겨우 진정국면에 접어든 2022년 국제적 대사건인 러시아의 우크라이나 침공한 전쟁이 벌어진 것이다.

지구촌 세계화를 무색하게 만든 전쟁이 21세기에 일어난 것이다.

세계 역사를 뒤바꿀 수 있는 전쟁이 러시아에 의해서 시작된 것이다. 마르크스가 만든 공산주의에 의해서 레닌이 볼셰비키 혁명을 성공시켜 철의 장막으로 불리고, 한때는 미국과 가장 강력한 힘의 대결을 했던 역사상 최초의 사회주의 국가였던 소비에트 사회주의 공화국, 연방 국가였던 소련이 붕괴되어 동서 냉전이 종식된 지 30년 만에 다시 소련의 사상과 정치체제를 계승한 러시아의 블라디미르 푸틴이 2022년 2월 24일 우크라이나 침공은 세계가 새로운 갈등과 긴장의 시대로 진입되는 것이라고 보여진다.

우크라이나의 사즉생의 항전으로 쉽게 전쟁 승리와 우크라이나를 점령하겠다는 러시아 푸틴의 생각과는 달리 일진일퇴의 공방이 계속되고 전쟁이 장기전으로 접어들었다.

역사의 시간이 거꾸로 돌아가는 듯이 하는 **오늘의 시대**의 **대환점**에서 세계는 향후 어디로 향할 것인가? 정전 협상으로 전쟁이 더 이상 확대되지 않고 끝날 것인가? 러시아는 우크라이나 침공으로 어떤 대가를 치르게 될 것인가? 자유우방 세계는 우크라이나 전쟁을 긴 시간 방관하며 수많은 사람이 죽도록 한 이 사건에 대하여 책임이 있는지? 지금까지는 **많은 대가를 치렀는데** 앞으로 어떤 **대가**를 치르게 되는지? 세계의 지도자들이 깊은 고민을 해야 할 사항이라고 본다.

이 글을 쓰고 있는 시간에 팔레스타인 무장조직 하마스가 유대교 안식일에 수천 발의 로켓포로 이스라엘을 공격해 수백 명의 사상자를 낸 포격이 일어났다. 1967년 중동전쟁처럼 제2의 중동전쟁으로 발발하지 않을까 걱정이 된다.

이란과 튀르키예 외무부 장관과 많은 관료들은 하마스의 무차별 공격을 두둔하고 나섰고 유엔과 미국 등 서방국가들을 하마스를 비난하며 이스라엘에 대한 지지성명을 발표했다. 이란과 튀르키예와 그동안 이스라엘의 호전 정책에 비판을 했던 아랍국가들이 어떻게 대응할지 모르겠으나 세계의 화약고 중 하나인 이스라엘과 팔레스타인 중동의 문제를 평화적으로 해결할 방법이 없는가?

근본 원인은 무엇인가? 근본문제 해결을 어디에서 찾아야 하나? 정치, 종교, 경제, 과학기술 아니면 국제기구 차원에서 아니면 힘의 논리로 해결해야 하나? 중요한 것은 인류가 가장 적은 희생의 대가를 치르고 문제를 해결해야 한다고 본다. 그런 차원에서 우리는 중동지역의 영토문제보다 더 심각하게 갈등을 유발시키고 있는 종교에 대해서 살펴볼 필요가 있다.

인간들의 삶에 밀접하게 관련되어 있으면서 인간의 정신적인 활동과 신념과 가치관을 갖도록 절대적 영향을 미치고 삶의 방식, 경제적 활동, 집단적 의식형성에 **종교**가 가장 크게 자리 잡고 있다.

세계에 수많은 종교가 있으면서 사람 개개인, 지역, 국가 차원에서 이루려는 통치행위에 깊게 관여되고 있다. 수많은 종교 가운데 세계에 퍼져있는 많은 숫자의 신자를 지닌 종교 중 기독교, 이슬람교, 불교를 세계 3대 종교라고 한다.

종교의 목적은 인간이 신의 창조물로서 신을 믿고 신을 통해서 구원과 깨달음을 얻고 신의 창조의 뜻에 인류를 번성하여 행복하게 살게 하는 것이 거의 모든 종교가 가지고 있는 목적이다. 특히 이스라엘과 아랍권이 믿는 유대교와 이슬람교는 우주를 만든 유일 절대 신을 믿는다. 유대교에서는 신을 히브리어로 야훼(여호와)라고 부르고 이슬람교에서는 아랍어로 알라라고 부른다. 그리고 유대교 개혁을 했던 예수를 구세주 그리스도를 믿는 기독교는 영어로 God, 하나님이라고 부른다.

2023년 10월 7일 하마스가 이스라엘을 무차별 공격을 했다 세계 최고의 정보망을 자랑하는 미국의 CIA나 이스라엘의 정보기관 모사드도 모르고 있었다고 한다. 이번 공격을 감행한 팔레스타인 무장조직 하마스는 이슬람교의 전 세계의 85%를 차지하는 수니파가 아니고 약 15% 차지하는 시아파의 이란이 배후에 세력이라고도 한다.

현재 이스라엘과 팔레스타인 모두가 수도로 주장하고 있는 예루살렘의 구시가지에 유대교, 이슬람교, 기독교 성지가 있다. 이것은 무엇을 의미하는가? 기원전 12세기에 출발한 유대교, 유대교의 개혁을 주장했던 예수그리스도를 구세주로 받드는 기독교, 서기 7세기에 예언자 무함마드에 의해서 만들어진 이슬람교(수니파 : 무함마드가 말한 이슬람교 가르침을 지키면 되는 관습을 중시하는 사우디아라비아 등 / 시아파 : 예언자 무함마드의 사촌 동생 알리가 이끄는 혈통을 중시여기고 있다. 이란이 시아파 종주국)의 세 종교의 근본 목적은 신을 신봉하고 인류도 이롭게 하고 인간이 행복하게 사는 것이 아닐까 생각한다.

궁극의 신은 창조주는 하나님은 한 분인데 출발지점과 창시자와 궁극의 목적을 찾아가는 방법과 길이 다르다고 해서 배척과 타도의 대상으로 삼고 상대의 존엄한 생명을 빼앗고 물리적 파괴를 한다면 그 대가를 어떻게 치를 것인가 심히 두렵다.

양자물리학에서 신의 입자 힉스까지 발견되고 하나님의 창조 섭리까지 과학적으로 증명되고 있는 이 시점에 모든 인류가 종교와 생활풍습과 언어가 다르더라도 **다름을 인정**하고 행복한 삶을 추구하는 인간 세계를 이끌어 줄 **지도자, 리더가 배출**되어야 우크라이나 전쟁, 중동의 **갈등 해결**이 되고 항구적 **평화 세계**가 올 것 같다.

05

불확실한 미래 책(독서)에서 답을 얻는다

2019년 1년 동안 베트남에 8차례 다녀왔다. 격동하는 베트남에서 비즈니스를 할 토대를 마련하기 위해서 현지 법인설립과 사무실을 마련했다.

베트남 파트너에게 응우옌쑤언푹(Nguyễn Xuân Phúc, 阮春福, 완춘복) 총리와 면담 주선을 의뢰했더니 12월 26일에 면담 날짜가 잡혔으니 급히 들어오라고 해서 24일 베이징 가기로 한 일정을 취소하고 하노이에 갔다. 응우옌쑤언푹 베트남 총리와 단독 면담이 아니고 베트남 기업가협회와 베트남 총리실에서 공동으로 개최하는 베트남의 미래전략에 대한 포럼을 총리 주관으로 4시간 가까이 마라톤 토론하는 행사였다.

각 분야의 리더들과 총리실과 각 부처 장·차관 등 토론에 참여자가 40명 정도 되고 150명 정도가 배석해서 경청하는 토론회였다. 총리실 특별장관 상공회의소 회장, 대학교 연합회 총장, 벤처기업협회 회장 등 베트남의 핵심 역할을 하는 전문가들이 참여하는 자리에 외국인으로서는 나 혼자 참석하게 되었다. 파트너가 주최 측에 어떻게 소개했는지 나에게 4번째로 발언의 기회를 주었다. 하노이대학 한국어과 과장 팜티

엔 교수에게 통역을 부탁하여 15분 정도 발언을 했다.

대한민국은 20세기 한강의 기적을 이룬 동북아의 진주다. 동남아시아의 떠오르는 별 에메랄드(푸른 보석)와 같은 베트남이 한국과 손잡고 전면적 협력 관계로 간다면 베트남의 미래는 대단히 밝아지리라 생각한다. 또한 베트남의 미래전략에 있어서 초연결·초지능·초융복합의 시대라고 하는 4차 산업혁명의 핵심기술을 토대로 베트남 미래전략을 수립할 때 베트남이 동남아시아의 허브 역할을 할 수 있을 것이라고 말했더니, 3시간 넘게 응우옌쑤언푹 총리가 4차 산업혁명의 내용을 가지고 토론회를 이끌어 갔다.

하노이에서 귀국하여 매년 했듯이 2020년에 중국과 베트남 진출에 들뜬 마음으로 한해를 감사하고 새로운 한 해를 힘차게 출발하기 위한 다짐을 하기 위해서 12월 30일 오후 5시 30분에 월미산 정상에 올라가 인천 시내 사방을 들러보고 하느님께 한해의 감사와 새로운 2020년에 하고자 하는 모든 일의 성취를 위해서 정진하겠다는 약속을 하는 기도를 마치고 인천공항과 서쪽 하늘을 바라보며 2분 간격으로 반짝거리며 내리고, 또 2분 간격으로 하늘로 올라가는 비행기를 보니 아~! 우리 대한민국이 세계에 우뚝 솟은 강대국이 되었구나! 인천공항이 참으로 대단한 국제 허브공항이구나! 하는 실감을 하면서 가슴에 벅찬 희망과 꿈을 가지고 한 해를 마무리하였다.

2020년 2월 초에 베이징에 가려고 항공권을 구입하려고 하니 코로나로 운용하는 비행기가 없다고 한다. 연일 보도되는 코로나 관련 기사를 보면서 답답함을 해소하고자 월미산 정상에 올라갔다. 작년 12

월 말과 똑같은 시간대였다. 인천공항과 서쪽 하늘을 바라보니 2분 간격으로 쉴 틈이 없이 내리고 뜨던 비행기가 아무리 눈을 씻고 계속 바라보아도 하나도 없다. 적막한 하늘을 한참 바라보고 있으니 내 등에서 식은땀이 흐른다. 팬데믹에 의한 대재앙 암흑의 시대가 시작되는 것을 실감할 수 있었다. 꿈에 부풀었던 베트남 진출 중국진출 어떻게 해야 하나 생각을 하니 눈앞이 캄캄해진다.

공항이 전면 폐쇄된 현장을 직접 목격하고 나니 온몸에 힘이 빠지고 불확실한 미래가 나의 모든 이성과 감성을 마비시키는 것이 뼛속까지 찾아왔다.

내 인생을 살아오면서 수 없는 실패와 어려움에 봉착하였지만, 이때처럼 정신적 혼란, 좌절, 위기감을 느끼는 것은 **절망** 그 자체였다.

7일 동안 절망스러운 맨붕에 시달리고 몸부림치다가 이 위기를, 다가오는 미래를 어떻게 극복할 것인가? 계속 소리치고 몸부림치다가 교보문고로 달려갔다. 포스트 코로나 이후 어떻게 변하는가? 팬데믹을 극복할 수 있는 방법을, 지구 위기극복과 미래의 변화되는 삶에 관한 책을 20여 권 구입했다. 2개월 정도 두문불출하면서 미치도록 책을 읽었다. 그리고 제일 먼저 베트남과 중국에서 하려고 한 사업을 미련 없이 포기하고 접었다.

코로나가 단시간 내에 끝나지 않고 장시간 지속되리라는 판단에 직접 대면하고 현지에서 직접 진두지휘해야 할 프로젝트이기 때문에 자유스럽게 왕래를 할 수 없는 상태에서 사업을 추진한다는 것은 깨진 독에 물 붓기라고 판단하고 그동안 투자되고 소요된 것 과감히 포기했다.

지금 생각해도 오싹해진다. 내가 당시에 계속 매달렸으면 지금은 어떻게 되었을까?

4개월 가까이 다양한 분야와 대한민국과 세계의 미래에 관한 분야의 책을 읽다 보니 마음이 편해지고 미래에 대한 불안했던 모든 것이 사라지고 새로운 희망과 자신감이 생기는 나 자신을 발견하게 되었다. 이때부터 나는 무슨 일이 있어도 한 달에 10권 이상 책을 읽어야겠다고 했는데 어느 때부터 잘되지 않아서 지금은 5권 이상으로 하향 조정했다.

필자는 어떤 분야를 전혀 모르는 분야의 사업 또는 그 분야가 필요로 할 때 겁을 내지 않고 두려워하지 않는다. 필자가 새롭게 접하거나 풀어야 할 것이 있으면 그 분야의 책을 최소한 10여 권 이상 읽게 되면 필자가 원하는 답을 찾고 판단할 수 있는 지혜가 생기는 것을 체험하고 있다.

2021년 9월경 가깝게 지낸 교수가 교육감 선거에 출마한다고 하여 도움을 요청하기에 필자는 바로 서점에 가서 최근에 발행한 선거 관련 책 8권을 구입하여 모두 정독했다.

그런데 그때 출마한 후보나 선거를 도와주려고 하는 많은 사람 거의 대다수가 선거에 관련된 책을 1권이라도 읽은 사람이 없다는 것을 보고 놀랐다.

결국, 교육감 후보로서 좋은 자질과 능력과 경력을 지니고 많은 사람이 최고의 상품이라고 했으나 그 상품을 소비자에게 제대로 팔지 못해서 마케팅 전략이 부실해서 낙선하고 말았다.

선거운동의 핵심 전략이 부재한 상태에서 후보와 구성원과 대립과 갈등을 피하려고 최선을 다하지 않고 방관한 나에게도 큰 책임이 있다는 것을 부정하지 않는다.

필자는 사랑하는 우리 대한민국의 청년들에게 오늘의 세계는 '웹(Web) 3.0'의 **디지털 시대**고 곧 6G⁴⁾ 이동통신의 **초고속시대**가 도래하고 있지만, 그래도 활자 책을 멀리하지 말고 습관적으로 독서를 권하고 싶다. **독서**는 전문지식을 얻는 계기도 되지만 자기 내면의 소리와 미래를 내다보는 지혜를 얻는 가장 효율적 방법이라고 생각하기 때문이다.

특히 내가 알고 있는 정치지도자나 지방자치단체장들에게 임기 동안 동네 부녀회 일일 찻집부터 온갖 행사를 쫓아가거나 불려 다니지 말고 과감히 자기 시간을 갖고 책을 읽고 사색하는 시간을 갖도록 조언을 한다.

지도자는 현실에 안주해서는 안 되고 과거의 자기 경험 철학만 가지고는 미래를 책임질 수 없고, 특히 오늘 한국 공직 사회가 중앙정부에서 과거 경험치로 만들어 내려준 매뉴얼과 실증된 내용만을 근간으로 업무를 수행하기 때문에 새로운 창의적 사업을 기대하기 힘든 구조적 환경에서 급속도로 변하는 시대에 적응하거나 대처할 수 없기에 정치지도자나 지방자치단체장은 미래를 책임지는 소명 의식을 갖고 끊임없이 발전되고 있는 분야와 이를 뒷받침하는 자료를 검색하면서 **독서**를 하라고 조언을 해준다.

---

4) 전체 통신망에 인공지능이 적용되어 자율적으로 운영되고 미래형 지능 서비스가 운영되는 초지능 네트워크도 구현된다고 한다. 상용화가 된다면 사물인터넷을 넘어 모든 환경이 연결되는 만물지능인터넷(AIoE, Ambient Internet of Everything)도 가능해질 전망이다(고응남, 『4차 산업혁명시대의 정보통신개론』, 한빛아카데미, 2020, p.452).

필자는 **최고의 복지**는 죽는 시간까지 일하는 것이라고 생각한다. 또한, 최고의 행복한 삶을 살 수 있는 인격과 품격·지혜를 갖추는 것은 **죽는 시간까지 독서하고 사색하는 자세**가 행복으로 가는 길이라고 본다.

대한민국의 모든 국민이 인격과 품격있는 국민이 되어 **행복한 삶**을 사는 데에는 책에서, 독서에서, 사색에서 그 답을 찾기를 기대한다.

06
제5차 산업혁명은 양자적 사고에서
출발한다 "다름을 인정하는"

시대는 변화를 요구하고 있다. 1초마다 엄청난 변화가 진행 되어지고 있다.

우리의 지구와 우주 / 각 국가의 갈등 / 국가 속에서 다양한 계층, 세대 간의 갈등이 심각하다.

우리나라를 살펴보자. 공공연하게, 전라도 대한민국, 경상도 대한민국, 충청도 대한민국을 외친다.

원인제공은 정치인들이 했지만, 여기에 편승한 우리 국민들의 책임도 있다. 지역갈등이 시간이 갈수록 선거가 계속 지속될수록 더 심화되고 있는 것 같다. 미래가 답답해진다.

이제는 이념의 갈등 계층갈등 세대 갈등, 젠더 갈등까지 어떻게 보면 5천만 국민이 모두 하나하나로서 양극화와 갈등의 빙산을 만들어 가는 것 같다.

우리나라 정치의 진영 논리에 대한 대립과 갈등의 현실을 보면, 이미 오래전에 망해서 없어져야 할 나라인데 망하지 않고 계속 정진하는 것을 보면 참으로 신기하다. 망하지 않는 원인이 무엇일까? 망하지 않게 우리나라를 받치고 있는 내용이 있다면 우리는 그것을 찾아서 더욱 승화시켜 **발전의 에너지**로 삼아야 **하고, 한편으로** 우리의 미래로 나가는 데 걸림돌이 되는 우리 사회 고질적인 문제는 그 원인을 분석하여 **갈등을 치유**해야 한다.

특히 정치·경제·사회 분야의 지도자들이 변화의 흐름을 모르고 변화를 주도해 가는 핵심과학 기술의 개념을 모르고 있고 알려고도 하지 않고 있으며 진영 논리에 매몰되어서 집단의 권위적 권력의 이익만을 추구하는 소아적인 정치사회지도자들이 우리 사회의 갈등을 더 증폭시키고 있다.

양자역학(Quantum Mechanics)이 밝혀낸 우주의 기본공식은 이것이 아니면 저것의 양자택일이 아니다.

이것과 저것 모두를 아우르는 **통섭**이다. **정신과 물질**은 통합될 수 없는 대립의 존재가 아니라 반대 방향에서 **같은 목적을 향하는 두 가지 길**이다. 정신과 육체 사이의 공간 물질과 에너지 사이의 공백을 메꾸는 작업을 오늘 우리의 **지도자가 해야 할 몫**이다.

공백을 메꾸고 서로 다른 길에서 출발된 것을 통합으로 이끄는 것이 **양자철학**이고 **양자 경제**다. 제5차 산업혁명의 목적은 우리 인간이 물질적 풍요로운 행복을 초월하여 **정신과 의식의 행복**을 누릴 수 있는 길로 안내하는 것이라고 본다.

오늘날 세계는 가장 부유한 26명이 가지고 있는 경제력이 지구의 절반 인구 38억 명의 재산과 맞먹는다.

그들의 행복과 38억 명의 행복을 어떻게 통합할 것인가?

양자 경제적 관점에서 우리는 무엇이고 무엇이 될 수 있는가?

양자 철학을 연구하는 학자들의 말을 빌리면

"양자 유토피아로 가는 토대는 무한순환, 상호의존이고 양자 유토피아는 모든 것이 상호연결되어 있음을 이해하고 개인의 자유와 공동선을 위해 노력하는 비전이다."

양자물리학에서는 우리는 잠재성 우주에 산다고 한다. 고로 우리 개개인은 잠재성 우주라고 한다. 그래서 천상천하에 유아독존, 내가 소우주라는 말이 있다.

우리가 이 우주의 모든 부분이 합하여 모두를 위해 좋아지는 전체를 통합하는 것을 양자 유토피아라고 한다.

통합이 양자 유토피아라고 한다면 우리가 나와 다름을 배척하고 인정하지 않고는 통합의 길을 모색할 수 없다. 나는 **양자적 사고**의 첫 번째는 다름을 인정하는 **유연한 사고**를 지녀야 한다고 본다.

오늘을 살아가고 있는 우리가 아무리 현실에 급급하더라도 짧게는 10년 후 나와 내가 살고 싶은 세상 조금 길게는 30년 후 50년 후를 상상해 보자. 지금 우리는 100세, 120세 시대에 살고 있다. 곧 멀지 않아서 인생 150세 시대가 도래될 것이다.

구글의 칼리코(Calico) 프로젝트는 2030년 되면 인간수명 500세까지 연장할 수 있게 만든다고 한다. 세상의 변화 속도는 우리가 예측할 수 없을 정도로 빠르게 변하고 있다. 변하는 시대에 우리의 미래를 그려보는 상상력이 대단히 중요하다.

'인천의 꿈! 대한민국의 미래'를 실천하려는 지도자는 미래를 생각하는 힘을 키우지 않고는 비전 실현을 이끌어 갈 수 없다. 미래는 생각하는 힘을 키우는 것은 자신의 인생에 관한 생각에서부터 출발한다. 미래학자 피터 드러거는 "미래를 알 수 있는 최선의 방법은 미래를 만드는 것이다"라고 했다.

'인천의 꿈! 대한민국의 미래'는 그냥 오거나 되어지는 것이 아니고 만드는 것이다.

미래는 현실이 아니고 잠재력이고 우리는 그 잠재력으로 오늘날 현실을 진짜 미래로 만들 수 있다. 또한, 미래는 반드시 통과해야 하는 코스처럼 우리를 기다리는 운명이지만 그 미래는 이미 정해진 어떤 것도 없으며 생각하지 않고 있으면 미래는 개인과 연결된 앞으로 살게 된 인생으로서 그 무엇도 없다. 미래는 현존하는 것이 아니기 때문이다.

그러나 미래는 꿈꾸는 자에 의해서 만들어지고 현실에 안주하지 않고 상상력을 키우고, 끊임없이 변화를 시도하는 자들에 의해서 현실에서 만들어지는 것이 미래다. 이렇게 볼 때 '인천의 꿈! 대한민국의 미래'의 실천지도자는 미래를 생각하는 힘을 키우는 데 전력투구해야 한다.

07
인천광역시 시장 유정복의 지방시대

지방시대는 다양한 특성과 잠재력을 갖춘 지방 정부가 권한과 책임을 다해 대한민국의 미래를 열어가는 시대이다.

세계 초일류도시를 꿈꾸는 인천

인천은 대한민국에서 인구가 늘어나는 유일한 대도시다.

1883년 개항과 함께 대한민국의 산업화·근대화가 시작된 곳이다. 송도·영종·청라 국제도시, 세계적인 인천국제공항, 인천 경제자유구역(IFEZ) 등 출중한 유·무형의 인프라를 갖고 있다.

세계 주요 도시들이 인구 100만이 넘는 대도시이면서 항만과 국제공항을 보유하며, 역사·문화·교통·물류·산업·경제 분야가 고도화된 특징을 갖고 있는데, 인천은 그 조건을 모두 갖추고 있다. 또한, 국내최대 규모의 경제자유구역과 국외 노선의 90%가량이 집중된 인천공항이 있어 상황에 따라 '도시 스스로 성장할 수 있는 잠재력'을 갖추고 있다.

균형발전은 17세기 지방 정부 서로가 가진 것을 경쟁하고 빼앗는 제로섬 게임이 아니다. 수도권은 수도권 나름대로, 수도권이 아니면 해낼 수 없는 특수한 정책여건이 있는데 발전적인 정책들이 천편일률적인 규제와 단순한 균형발전 논리에 의해 좌초된다면 국가적으로도 큰 손해가 될 것이다. 각 지역의 특성과 잠재력을 발굴하고 이를 바탕으로 한 지역 맞춤형 정책을 추진하면 지방시대를 이룰 수 있다.

지방 정부의 역할

중앙정부와 지방 정부는 상하 관계가 아니고 협력 관계다. 중앙지방협력회의는 법령에 근거한다. 산업화와 민주화가 정착되지 못한 시절 중앙정부가 강력한 행정권을 발동해 전국이 일사불란하게 움직였기에 고속성장에 기여한 측면이 있었던 것은 부인할 수 없는 사실이다.

그러나 이 과정에서 풀뿌리 민주주의라는 지방자치는 숙성되기 어려웠다. 이제는 다양성이 존중되는 창조의 시대로 성장과 균형발전이 조화롭게 추구되어야 한다.

과거 지자체에 가보면 같은 직급의 사무관이 국가직은 과장이고, 지방직은 계장인 경우가 있었다. 지금도 일각에서는 중앙과 지방을 그런 상하 관계로 보는 잔재가 남아 있다. 이런 게 고쳐지지 않는 이상 분권은 쉽지 않을 것이다. 그래서 중앙정부가 가진 인사권, 재정권을 지방 정부로 이양하자고 주장하는 것이다.

국고보조금 같은 경우 지방 정부를 옭아매는 일종의 재갈이라면 재갈일 수 있다. 보조금 지급 등 재정권이 중앙정부가 지방 정부를 통제하는 수단이 되다 보니 지방 정부의 자율성은 위축되거나 상실되고 있다. 보조금은 중앙부처의 큰 권한인데 이 제도가 개혁되면 중앙부처의 적지 않은 부서가 할 일이 없어진다. 그래서 보조금을 중앙부처가 움켜쥐고 있는데 분권주의 시대에 맞지 않는 발상이다. 보조금을 지방의 설정에 맞춰 분배하는 혁명적 개혁이 필요하다.

중앙이 지방의 위에 있다는 우월의식을 바꾸는 것이 가장 시급한 과제다. 이에 기반해 지방의 자율을 높이고 창의력을 키워나가야 한다. 선진국들은 지역 경쟁력 강화를 통해 우리는 지방 정부가 아직 미성숙하기에 위험하다고 간주하는데 그런 인식 자체를 버려야 한다. 우리 지방자치도 부활한 지 30년이 지났다. 시민의식은 이미 충분히 성숙하지만, 중앙정부 관료들만 이를 이해하지 못하고 있다.

과거와 현재가 공존하는 미래 도시

내가 가진 유일한 생각은 미래다. 젊은 세대에게 힘을 키워주는 것이다. 미래는 과거와 현재가 기반이 돼야 한다. 과거와 현재가 공존하지 못하는 도시는 잊히는 도시로 남을 수밖에 없다.

제물포 르네상스 프로젝트는 바로 과거와 현재가 공존하고 미래 도시를 꿈꾸는 인천의 비전이다.

제물포 르네상스는 인천시 균형발전 출발점이다. 선도적인 사업 추진과 앵커시설 유치를 통해 원도심 재창조의 성공 모델을 만들어나갈 것이며 인천시 전역의 원도심 활성화로 확산시켜 나갈 것이다.

제물포 르네상스는 대한민국 근대화를 견인했던 인천항 내항을 새로운 모습으로 시민들께 돌려주고 과거 인천의 중심이었던 중·동구 일원을 사람과 지식, 재화가 모이는 도심으로 다시 만드는 중장기 프로젝트다.

바이오산업을 선도하는 인천

인천은 산업단지, 항공·물류·인천 경제자유구역, 글로벌기업 등 바이오산업의 최적 입지와 강점을 갖추고 있다.

인천은 세계 바이오산업을 선도할 준비가 돼 있다. 국내 3대 바이오기업인 셀트리온, 삼성바이오로직스, SK바이오사이언스를 비롯하여 현재 90여 개 산·학·연기관이 입주하여 고용 9,700여 명, 매출액 6조 원을 넘어섰다. 단일 도시 기준 세계 최대 규모 바이오의약품(바이오리액터 88만 리터) 생산기지이자 2021년까지 최근 5년간 국내 의약품 수출의 46.3%를 차지하고 있다.

올해 삼성바이오로직스 제4공장, 셀트리온 제3공장 준공, 향후 SK바이오사이언스 연구센터, 삼성바이오로직스의 제5공장, 독일의 싸토리우스 연구·제조시설의 순조로운 착공을 추진할 계획이다.

바이오산업을 이끌 미래인재 육성을 위한 투자에도 총력을 기울이고 있다. 바이오 분야 실무능력을 갖춘 인력을 양성하기 위한 바이오공정 인력양성센터를 연세대 내에 구축하고 의약품 제조 품질관리 기준(GMP)수준의 실습장 등을 마련해 연간 2,000여 명의 바이오 전문인력 양성할 계획이다.

전 세계 재외동포를 하나의 네트워크로

지난 6월 5일 재외동포청이 인천 송도에 문을 열었다. 재외동포청은 단순히 행정기관 하나가 인천에 설치되는 의미가 아니다. 재외동포청은 750만 재외동포들의 고향이고, 수도이며 활동 무대다. 인천은 재외동포와 함께 대한민국의 새로운 길을 열어가는 교두보라고 할 수 있다.

인천은 전 세계 750만 재외동포와 함께 글로벌 경제환경을 기반으로 재외한인 비즈니스 허브를 조성할 계획이다. 재외동포들의 모국에 대한 투자를 창출하고 한상네트워크를 통한 국가경제발전 구조를 확립해 나가고자 한다.

재외동포청과 연계한 다양한 정책을 추진하고 재외동포를 위한 서비스를 확대하는 등 재외동포 권익향상을 위한 노력도 필요하다. 재외동포 역사와 국가공헌 사례를 타 시도와 공유함으로써 인천이 재외동포 가치창조의 거점 역할을 적극적으로 수행하겠다.

어떤 선택을 할 것인가?

중앙정부든 지방정부든 정책을 결정하는 데에는 정부가 수행해야 할 사회적 책임을 생각해야 한다. 가난한 나라가 가난한 이유는 권력을 가진 자들이 빈곤을 조장하는 선택을 했기 때문이다. 지도자가 실수와 무지 때문에 잘못된 선택을 하는 것이 아니라 의도적이라는 것이다. 자신들의 사익과 정권을 유지하기 위해, 국민을 가난으로 모든 선택을 한다는 것이다.

극단적 포퓰리즘이 대표적 사례다. 정부가 예산을 고려하지 않고 막무가내식으로 퍼주는 것이다. 극단적으로 왜곡된 포퓰리즘은 국민에게 이 정도 나눠줬으니 정권의 실세들과 친분 있는 인사들이 권력과 인허가권을 이용해 사익을 챙기고 공직자들이 이권 사업에 뛰어드는 것쯤은 눈 감아 달라고 국민을 속이는 것이다.

예산을 방만하게 운영하고 다음 세대에 대한 고민 없이 빚까지 끌어다 쓰면 재정이 파탄 나는 것은 상식이다. 정책을 결정하는 사람들이라면 이를 모를 리 없다. 그런데도 정치가들이 그런 선택을 했다는 것은 권력 실세와 공직자, 그들을 따르는 일부 세력들의 도덕적 해이를 방조하고, 국가를 창조적으로 파괴하는데 몰두한 것이라고 해도 지나친 말이 아니다.

국가가 실패하는 또 다른 이유는 경제성장을 저해하거나 심지어 발목 잡는 행위를 하는 것이다. 기업을 잠재적인 범죄자로 취급하고, 착취적 정치제도를 기반으로 착취적 경제 제도를 시행하기 때문이다. 결국, 제도의 선택, 즉 '제도의 정치'가 국가의 성패를 이해하는 데 핵심 열쇠라는 것이다.

미래를 준비하는 지도자가 필요하다

이승만 정부는 국민소득 100불일 때 국비로 6,000달러씩 지출해 가며 미국으로 전문가 유학을 보냈다. 모두 238명이었다. 대한민국 원자력 아버지 이창건(94)이 1959년 대한민국이 도입한 제1호 원자로 「트리가 마크」를 운전하며 대한민국 미래를 설계했다. 그때 이승만 전 대통령의 나이가 82세였다. 82세 때 20년 후를 위해 연구자들을 훈련 시켰다. 자기 당대에 덕 보려고 그런 게 아니었다. 실제로 20년 뒤 고리에서 원자력발전이 나왔다. 그들은 중동사막에 무궁화나무(원자로) 4그루를 심었다.

이승만 대통령이 당장 먹고살기 힘든 상황에서도 큰 부담을 안고서도 원자력발전에 뛰어든 것은 미래에 꼭 필요한 산업이라고 판단했기 때문이었다. 박정희 대통령이 경부고속도로를 비롯한 국가 기간망과 중화학공업을 육성하고, 노무현 대통령이 FTA를 체결하는 것이 지금의 대한민국의 경제성장을 이뤄낸 동력이었다. 당장 편하고 생색내는 일을 위해 눈앞에 보이는 것에만 몰두하고, 미래를 준비하지 않는 리더는 지도자로서 자격이 없다.

※ 본 내용은 「월간 지방시대」(2023.09.11.) 매거진에 실린 '유정복 시장 인터뷰' 기사 내용이다.

선진 대한민국!!

01
G3 대한민국

몇 년 전부터 매년 12월 또는 1월에 서점에 가서 빠뜨리지 않고 구입하는 책 중에서 『카이스트 미래전략』이 있다.

한민족의 선비정신을 계승하고 살려서 **아시아 평화 중심 창조국가**를 만들기 위한 방향 제시와 실천적 행동지침 그리고 오늘과 미래를 내다보는 다양한 분야의 지혜를 얻게 해주는 유익한 길잡이 역할을 해주고 있기에 매년 2~3차례 정독을 한다.

최첨단 과학기술이 경제, 산업 분야를 뛰어넘어 군사, 안보 분야에 크게 활용하다 보니 자국의 이익을 최우선시하고 우방끼리 안보 가치 동맹이 강화되면서 지리적 환경과 여건이 그 나라의 운명을 좌우했던 지정학 시대에서 과학과 기술이 국가의 운명을 좌우하는 기정학시대가 시작되었다고 카이스 미래전략 연구센터에서는 주장한다.

팬데믹과 함께 보호무역이 강화되고 첨단기술에 의해서 세계의 힘의 논리가 전개되는 기정학 시대의 21세기 G1 미국, G2 중국의 기술 패권전쟁을 신 냉전 시대라고 한다. 누가 기술 패권을 차지할 것인가 초미의 관심사이다. 세계는 미·중 패권경쟁에 의해 지구가 양분되어 계속 대립과 갈등이 증폭되어 파멸로 갈 것인가 아니면 G1, G2를 중재할 수 있고 조정할 수 있는 G3가 탄생할 것인가가 이 시대 지구촌의 숙제이다.

필자는 인류 문명사적으로나 지정학적으로 볼 때 특히 제4차 산업혁명을 출발시킨 제3차산업 산업혁명의 진수인 IT 강국 **대한민국**이 G3가 되어서 기술 패권 시대에 대립하는 미국과 중국을 뛰어넘어 인류가 **행복한 제5차 산업혁명 시대**를 열어야 할 책무가 있다고 본다.

G3는 멀리 있는 것이 아니다.

2023년 8월 6일 미국 수도 워싱턴에서 발간되는 「US News지」(2023. 8 .6.)에서 **세계 10대 강대국**의 순위를 발표했다.

1위 미국, 2위 중국, 3위 러시아, 4위 독일, 5위 영국, 6위 한국, 7위 프랑스, 8위 일본, 9위 아랍 에미리트, 10위 이스라엘이라고 했다.

강대국의 순위를 정하는 기준으로 **5가지 기준**을 삼았다.

1. 외교정책 영향력, 2. 국방예산, 3. 세계 경제에 미치는 영향, 4. 지도자, 5. 강력한 군사동맹

이런 기준을 종합적으로 판단하여 순위를 매긴 기사에서 우리 한국이 일본을 제치고 6위에 올라있는 점이 두드러진다. 특히 「US News지」에서 **선정한 기준**으로 1. 군사력, 2. 최고의 무기 수출로 드러나는 방위산업, 3. 반도체 중심 기술력, 4. 미디어 콘텐츠, 5. 문화에 대한 세계적 영향력을 발휘하고 있는 역량을 기준 삼았다.

이렇게 우리나라는 급속도로 성장한 바탕에는 산업화 민주화 정보

화의 성공이 있다.

2022년 12월 31일 미국 순위조사 전문매체 유에스뉴스&월드리포트(USNWR)에서 글로벌 마케팅 기업 바브(BAV)그룹과 펜실베니아대 경영대학원(와튼스쿨)과 공동조사해 발표한 2022년 전 세계 최고국가 순위를 보면 우리나라는 85개국 중에서 6위를 차지했다.

우리나라가 2019년에는 인구 5천만 명과 국민소득(GNI) 3만 달러를 달성하면서 5030클럽에 세계 7번째로 가입했다. 유엔에서 2021년부터 우리나라를 실질적인 선진국으로 분류하고 있다. 이제 우리의 목표는 5050클럽(인구 5천만 이상 국민소득 5만 달러 이상)에 진입하기 위해서 정진해야 할 때이다.

한때 영국이 5050클럽에 가입했다가 내려왔고 현재는 미국만 있다. 우리가 5만 달러가 넘게 되면 미국에 이어 두 번째 5050클럽에 가입국가가 되고 G3로 발돋움하게 된다.

2023년 1월 매일경제가 우리가 G5가 될 수 있다는 특집 보도를 한적이 있으나 필자는 인천의 꿈을 이루려는 인천이 살아서 움직인다면 2035년 이내에 G3가 될 것이라고 확신을 갖는다.

02
거짓 없는 품격있는 나라가 선진국이다

막스 베버는 정치가는 신념의 윤리와 책임의 윤리를 가져야 한다고 말했다.

나는 청소년, 청년 시절을 순탄하게 보냈다고 생각하지 않는다. 또한, 나 자신이 인물되기나 성공을 위한 욕망을 강하게 가진 적도 없다. 어떻게 보면 너무 세상을 쉽게 보면서 인생에 있어서 깊은 고민이나 사색을 하지 않고 보낸 것 같다.

그렇지만 어려운 청소년 청년 시절을 방황하지 않고 오늘 내가 살아가면서 인류의 행복을 생각하고 보다 높은 가치를 위해 살고자 나의 생활철학과 가치관을 견지하는 것은 도산 안창호 선생의 삶에서 많은 영향을 받은 것 같다.

"그대는 나라를 사랑하는가? 그러면 먼저 그대가 건전한 인격자가 되라!"

"자기를 아끼고 사랑할 줄 아는 사람이 비로소 남을 사랑하고 나아가 나라를 사랑하고 세상을 이롭게 할 수 있다."

"진리는 반드시 따르는 자가 있고 정의는 반드시 이루는 날이 있다. 죽더라도 거짓이 없어라."

"낙망은 청년의 죽음이요, 청년이 죽으면 민족이 죽는다."

우리 대한민국에 오늘의 정치지도자들이 얼마만큼 신념윤리와 책임 윤리를 견지하고 있는지 이 시대를 살아가고 있는 청년세대들에게 정치가로서 신념과 책임에 대하여 얼마나 존중과 인정을 받고 있을까 생각할 때 후한 점수를 주기가 망설여진다.

정치인이 가져야 할 기장 기본적인 생각은 국가의 이익과 국민의 행복증진을 위하는 자세다. 그것은 곧 나라를 사랑하는 것이다. 오늘날 우리가 나라를 얼마나 사랑하는가? 스스로 자문자답해야 할 것 같다. 나라를 사랑한다면 먼저 건전한 인격자가 되라 하신 도산 선생의 말씀처럼 내가 과연 대한민국 국민으로 건전한 인격자가 되었는지? 나는 우리 대한민국의 모든 국민이 건전한 인격자가 될 때, 세계에서 가장 존경받고 사랑받는 품격있는 선진국 대접을 받게 될 것이라고 본다. 대한민국 미래는 나라를 사랑하는 건전한 인격자를 확산시키는 운동이라고 생각한다.

백범 김구 선생이 꿈꾸던 나라, 백범은 "나는 대한민국이 세계에서 제일 강한 나라가 되는 것보다 세계 모든 사람에게 존중받는 문화의 나라가 되는 것이 나의 소원입니다."라고 했다.

'인천의 꿈! 대한민국의 미래'는 우리 민족의 위대한 스승이요 독립운동가였던 도산 안창호 선생과 백범 김구 선생이 주장했듯이 나를 사랑하고 남을 사랑하고 세상을 이롭게 하는 생활과 진리 탐구와 정의를 내세우는 거짓 없는 대한민국 국민이 온 누리에 차고 넘칠 때 가능할 것이다.

왜냐하면, 우리가 완전한 선진국가가 되기 위한 마지막 넘어야 할 산이 사회적 자본인 **신뢰 사회, 정직한 사회**를 만들어야 한다. 아직도 우리 사회는 집단 이기주의와 뗏법이 통용이 되고 정치 사회의 다양한 갈등이 사라지지 않고 있다.

지난날 우리나라는 비약적으로 발전할 수 있는 기회가 있었으나 그러한 기회를 살리지 못했다.

세계 최초로 금속활자를 발명하고도 문화적·경제적·과학적으로 비상할 수 있는 기회를 살리지 못했다. 성군 세종대왕의 리더십으로 위대한 한글을 만들어 두 번째 기회가 찾아왔지만, 진취적으로 개혁 정신과 세계 변화 흐름에 함께하는 개방 정책을 실시하지 못하고 주저앉고 말았다.

현대에 들어와서 정보화시대의 기술력과 전 세계에 한류로 통하는 문화콘텐츠 시장을 석권해 가는 세 번째 기회를 만들었다. 우리는 이 기회를 놓치지 말아야 한다. 그것은 웹3.0 시대를 살아가고 있는 우리들의 책임이다.

어느 시대든지 어떤 체제이든지 양심적인 정직한 리더가 통치할 때는 군주 시대나 민주제도와 상관없이 국민이 대접받는 시대였고 비양심적이고 진실되지 않는 리더가 통치하는 때에는 제도를 불문하고 백성이 착취당하는 것으로 역사가 증명하고 있다.

'인천의 꿈! 대한민국의 미래' 비전 실현에 참으로 요청되는 지도자는 양심적이고 정직하고 웹1.0 시대 일방통행, 웹2.0 시대의 쌍방통행이 아닌 통합과 소통의 **웹3.0 시대**에 맞는 **다수의 소통**을 실시간 통해서 **합리점**을 찾고 개개인의 인격과 의사를 **존중**하면서 함께하는 **통치력**이 **발휘**되어야 하는데, **그리하기 위해서** 절대 필요**요건**은 진실성이 담보되는 **정직한 리더십**이다.

03

G1 미국, G2 중국과 21세기 과학기술은
'인천의 꿈! 대한민국의 미래'가 넘어야 할 산

먼저 지정학적 측면에서 미국과 중국을 비교해보고자 한다.

첫 번째로 지리적 축복과 전략적으로 영토를 확장한 G1 미국은 21세기에도 변함없이 세계 제일의 강국의 자리를 지킬 것은 분명한 사실이다. 50개 주로 구성된 미국(United States of America : USA)은 28개 주권 국가들이 모여서 만든 유럽연합(EU)이 이루지 못한 방식으로 하나의 국가가 되었다. 대다수 유럽국가들은 미국의 주보다 강하고 분명한 민족 정체성을 가지고 있다. 그러다 보니 자기 국가가 먼저고 유럽의 개념은 그 다음이다. 반면 유럽 전역과 전 세계 각국 사람이 모여서 구성된 미국인은 유럽인과 달리 미합중국을 자신의 모국보다 긍지와 자부심을 갖고 더 중요시한다는 것을, 지정학적 특성과 영토를 확장해가는 통합의 역사에서 찾아볼 수 있다.

17세기 초에 아메리카 대륙에 정착을 시작한 유럽인들이 1732년 조지아주까지 13개 식민지 주가 성립되었는데, 이들은 독립의 열망을 키워 1776년에 미국 독립선언을 선포했다. 1803년 미합중국은 1

천5백만 달러짜리 서명 하나로 프랑스로부터 루이지애나를 구입하여 영토를 두 배로 늘렸다. 쉬지 않고 영토를 넓혀가는 미국이 탈냉전 시대에 소련을 능가하게 할 수 있는 중요한 자산인 알래스카를 1867년 720만 달러를 주고 거래를 성사시킨 미국 국무장관 윌리엄 슈어드(William Henry Seward)를 당시에 미친 짓이라고 조롱했으나 얼마 지나지 않아서 미국 역사상 가장 미국의 장래를 위해 큰일을 한 국무장관으로 칭송되고 있다.

제2차 세계 대전 때 미국은 일본에 경제 제재를 강하게 억압했지만 군국주의 일본의 공격을 받아야만 했다. 이때부터 미국이 태평양과 전 세계에 미국의 영향력을 행사할 수 있는 거점을 확보해 가기 시작했다.

전후 세계의 최강의 경제 대국 군사 대국으로 팍스 아메리카 시대를 열어가기 시작했다.

저물어 가는 대영제국의 서방국의 해군기지를 구축함 이양 양도와 지원을 조건으로 모두 인수하고 미국에 무릎 꿇은 일본으로부터 태평양 전역과 괌, 그리고 오키나와섬에까지 기지를 건설했다.

또한, 유럽재건 사업을 시작으로 소련이 북유럽 평원에 못 넘어오도록 1949년에는 북대서양기구인 나토(NATO)를 창설하고 나토의 의장을 유럽국가들에 넘겼지만, 군사령관은 언제나 미국인이 맡는 것으로 해놓고 군사전략과 군사령부는 워싱턴의 통제를 받는 시스템으로 만들어 놓았다.

21세기에 들어서면서부터 세계 각국이 날로 심각해지는 에너지도 미국은 자급자족하게 모든 것이 준비되어 있고 이 시대 중요한 안보로 대두되는 식량은 아메리카 대륙에서 생산되는 식량의 20% 미만 가지고도 자급자족되는 땅을 가진 지리적 축복을 받은 미국이다.

두 번째로 G2 중국은 4천 년 만에 대륙에서 해양으로 진출하여 21세기 세계 제일의 강국이 되겠다는 시진핑 중국주석의 일대일로 사업이 미국에 의해서 많은 견제를 받고 있다.

우스갯소리로 중국이 성공할 수 있는 이유는 14억 가지나 되고 또한 중국이 미국을 넘어서 세계 제1의 최강국이 될 수 없는 이유도 14억 가지나 된다는 말이 있듯이 중국이 미국을 능가할지는 역사에 맡기지만 중국 또한 거대한 대륙 지리적 여건은 절대 무시할 수 없다.

중국은 현재 한족이 90% 이상 차지하면서 정치경제를 지배하고 있다. 물론 공산당 일당체제이지만 공산당의 핵심 권력은 90% 이상이 한족이 장악하고 있다.

한족에 의해 지배되어졌던 중국은 4천 년 전 황하 문명의 발상지 북중국 평원은 내몽골 아래 만주 남부 그리고 황허 안쪽과 주변을 끼고 돌아 양쯔강 하부를 지나는 그 넓이만 해도 43만2천 제곱킬로미터의 드넓은 평원이 동서로 펼쳐져 있다. 이곳은 세계에서 가장 많은 인구가 살고 있는 지역이다. 중원평원(북중국평원) 이곳은 정치, 문화, 농업의 중심지이고 10억 이상 인구가 살고 있다. 면적은 3억3천 명 살고있는 미국의 절반 크기에 불과하다. 이 심장부가 농경 생활에 적합했던 지형의 관계로 대대로 한족 왕족들은 자신들을 에워싸고 있는 이 민족들의 위협을 느끼며 살았는데 그중에 용맹한 유목민 몽골의 전사들이 항상 두려운 존재였다.

비옥한 넓은 땅을 가지고 있으면서도 이 민족 침략을 대비하고 더 좋은 지리적 환경을 만들기 위해서 긴 싸움을 하면서 영토 확장과 천연적 지정학적 여건을 만들어왔다. 특히 18세기에 중국은 남쪽으로 미얀마와 인도차이나까지 진출하고 현 중국 내에서 가장 넓은 지역인 신장 위구르족 자치구를 정복해서 중국 영토로 편입시켰다.

황량한 사막지대와 산악지대가 대부분인 신장지역은 북서쪽에 위치하는 중앙아시아 위구르족의 자치구이다. 유럽지역의 침입을 막을 수 있는 천연 요새의 기능을 가진 신장은 오늘날 중국의 인구정책 분산 및 요충지로서 핵실험 장소와 신에너지 발전단지 조성 등의 신도시들이 크게 조성되고 있다.

1945년 일본의 패망으로 장제스 휘하의 국민당 군대와 마오쩌둥이 이끄는 공산당 인민해방군이 1949년까지 중국 땅의 패권 싸움을 벌였는데 공산당에 패배한 장제스의 국민당이 대만으로 쫓겨났다. 당시에 인민해방군은 모든 중국 영토를 해방시킨 것이다. 여기에는 티베트와 신장, 하이난, 대만도 포함된다고 확정지었다.

그 어떤 왕조도 성공한 적이 없는 권력의 중앙집중화를 이룩한 중국 공산당은 내몽골지역에 러시아 영향력을 차단시키고 몽골에서도 영향력을 확대시키고 한족 땅이 아니었던 티베트 광활할 지역을 1959년에 중국에 합병시켰다.

중국 북쪽에는 2만 킬로미터의 고비사막이 몽골과 국경선으로 거대한 방어 체계라 할 수 있고 2023년에 중국을 추월한 인구 강국 인도와 히말라야산맥과 라코람산맥은 인도뿐만 아니라 파키스탄, 아프카니스탄, 타지키스탄과 대립 갈등에 있어서 천연의 만리장성이다. 이는 인도에서 보았을 때는 인도판 만리장성이다.

현실적으로는 인도와 티베트의 국경이지만 중국이 티베트를 합병하고 통제함으로써 인도로부터 받은 위협이 사라졌다고 본다. 티베트(Tibet, 西藏, Xīzàng)는 중국의 대단한 전략적 요충지이기 때문에 중국이 절대 포기하지 않고 있다. 중국이 제일 중요시 여기는 양쯔강, 황하 그리고 동남아시아 젖줄 메콩강의 수원이 있는 **티베트를** 중국의 급수탑이라고 부르기도 한다.

드넓은 땅을 평정하느라고 혼돈의 4천 년을 보낸 중국이 중화민족의 영광 부활을 위한 시진핑 중국주석의 중국몽의 핵심 전략 중 지리적 우위를 점하기 위해 내세운 것이 신실크로드의 일대일로 정책이다.

2013년 중국 시진핑 주석이 주장한 일대일로란 대륙과 해상의 실크로드 경제 벨트를 지칭한다. 고대 동서양의 교통 통로였던 실크로드의 현대판 실크로드로 다시 구축해서 중국이 주변국가와 경제무역을 확대하겠다는 대규모 프로젝트다.

15세기에 중국 정화 제독이 이끄는 무역원정대는 세계를 누비고 훌륭한 항해사들이 많았으나 그 항해 목적은 돈벌이다 보니 해양을 지배하는 군사력을 앞세우는 유럽 해양국가들과 근대에 들어와서 미국의 강력한 해양군사력과 군사기지 확보로 내륙문제 해결에 매진해 왔던 중국이 국제 경쟁력에 한계를 느끼고 해양시대에 중국의 경쟁력 키우기 위해서 해군 군사력과 해양 관련 산업 육성의 정당성을 일대일로 해상 개척에서 그 답 찾고자 전력투구하여 왔고 지금은 해양 쪽의 자국의 영토 확장을 위해서 분쟁의 대상인 암초들과 산호섬들을 인공섬으로 만들어 항만과 활주로를 건설하여 부대도 설치하는 등, 난사군도를 한 섬으로 만들어 중국 영토라고 주장하기까지 한다.

미국이 20세기 초반에 카리브해를 미국에 편입시키고 쿠바에서 스페인을 몰아내면서 대서양과 태평양을 아우르는 **대양 강국**이 되었듯이 중국이 21세기에 태평양과 인도양을 주무르는 대양 강국이 되고자 하는 것이 시진핑의 **중국몽(中國夢)**이다. 그러기 때문에 미얀마, 방글라데시, 파키스탄, 스리랑카 등과 멀리 떨어져 있는 케냐와 여러 지역 심해 항구에 엄청나게 **투자**를 하고 있다.

영국 파이낸셜타임스 기자로서 25년 이상 국제 문제 전문 저널리스트로 활동해 온 팀 마샬(Tim marshall)은 말레이시아에서 러시아의 유일한 부동항 블라디보스토크항에 이르기까지 그 주변에 있는 모든 나라는 한반도 남북 관계를 초조하게 주시하고 있다고 한다. 그들은 만에 하나 한반도에서 전쟁이 일어나게 되면 인접 국가들이 말려들게 되고 그 여파가 당장 경제적으로 엄청난 피해가 올 것이라는 것을 그들은 알고 있다고 한다. 북한은 스스로 조선민주주의인민공화국이라고 부르고 강력한 민족주의와 공산주의 그리고 자주정신을 혼합한 주체사상을 정치철학의 기조로 삼고 있다.

북한(조선민주주의인민공화국)은 2천5백만 인구를 가진 최빈곤 국가이다. 말로는 민주주의 인민공화국이라고 하지만 나라가 인민을 위해서 공화국을 위해서 존재하지 않는다. 그들이 신격화하는 백두혈통의 자손이 승계하는 한 가족 일당이 소유한 왕조 국가다.

대한민국은 자유민주주의 시장 경제를 체제를 유지하는 자유민주주의 공화국이다.

오늘 우리가 살고 있는 대한민국의 한반도는 완전히 체제가 다른 남한과 북한이 세계 마지막 남은 분단국가로서 지금은 정전이 아닌 휴전 상태다.

이러한 한반도의 지리적 여건은 다른 이민족이 북쪽 압록강을 건너 해상까지 진출하는 데는 아무런 장벽이 걸림돌이 없다. 반대로 남쪽 해상에서 육지로 진입해서 대륙으로 간다고 해도 걸림돌이 될 장벽이 하나도 없다.

이러한 여건 때문에 몽골이 들어왔다가 나갔고 명나라, 청나라, 일본 등 수차례 한반도를 침범했다. 1910년 일본이 우리나라를 강제 합병해 버리고 우리 문화정책 말살과 우리 글을 못 쓰게 하고 신사참배 하는 등 강권의 식민통치를 하였지만 결국 1945년 일본이 패망하였다.

일본이 패망하자 우리가 힘이 없었고, 준비되지 않았기에 결국 강대국에 의해서 북위 38도선으로 분단이 되고 북한은 소련에 의한 김일성 공산주의 정권이 들어섰고 남쪽은 자유민주주의 신념이 투철한 이승만 박사 등 독립지사들이 미국을 등에 업고 대한민국을 건국한 것이다.

그 당시에 미국 내 정치적 영향력을 미칠 수 있는 자리에 한국 전문가가 전혀 없는 상태에서 38도 선에 따라 한반도를 분할 신탁 통치를 결정한 것이 지구상에 또 하나의 비극이요, 불행한 분단국가를 만든 결과의 일을 저지르고 말았다.

우리 한반도는 큰 대륙도 아니고 에너지 원료 원유가 나오지 않고 식량 등 모든 것을 자급자족할 수 없는 자원도 부족한 나라다. 그리고 지리적으로 복잡하지 않다. 그렇기 때문에 인위적으로 남과 북의 분단이 가능했다고 본다. 그러나 세계 강대국 간에 경쟁이 치열해지면서 태평양 연안과 극동아시아가 세계 최대 열강들의 각축 지역이 되면서 전략적 중요 지역이 되어 은자의 나라라 불리던 **한반도의 지정학적 중요성**이 크게 부각되고 지금은 한반도를 둘러쌓고 있는 미국, 일본, 중국, 러시아 **4강대국** 간에 **첨예한 대립 관계**를 유지하고 있다.

우리 대한민국은 동·서·남 삼면이 바다고 천연자원도 부족한 나라로서 60년대 초반까지만 하더라도 세계 최빈국에서 지난 50년간 우리 국민의 줄기찬 노력으로 세계 6위 국가의 경제력과 4차 산업혁명 첨단 기술 기반의 현대식 스마트 해군(SMART Navy)을 구축하는 데 성공하고, 핵무기는 보유하고 있지 않지만 군사력과 경제력 면에서 북한과 비교가 안 될 정도로 앞서가고 있다. 우리나라가 영토와 지리적으로 미국과 중국에 비교할 수 없도록 열악한 입장에서 G1 미국과 G2 중국을 어떤 방법으로 관계하고 활용하고 극복할 것인가 하는 문제는 오늘 우리들의 숙제이지만 이를 연구하고 방법을 찾는다면 분명히 미국 중국을 지정학적 측면에서도 공동의 이익을 위해서도 미·중을 뛰어넘을 방안 있다고 생각한다.

두 번째, 과학기술 면에서 미국과 중국을 극복해야 한다.

바이든 정부에서 기술동맹의 블록화를 강조하고 추진되고 있으며 미·중 패권전쟁의 신냉전 시대가 열렸다. 이러한 큰 변화 속에서 각 국가별 전략과 변화가 가속되고 있다. 특히 산업과 기술혁신은 경제 정치에 큰 영향을 미치고 있다. 21세기에 들어서면서 신기술에 의한 기술 패권의 경쟁이 심화되면서 미국과 중국의 첨예한 대립과 갈등으로 신냉전 시대를 출발시켰다.

17세기 대륙의 패권 국가 프랑스에 맞섰던 영국이 18세기 산업혁명으로 농업사회를 제조업 중심 산업사회로 바꾸면서 기술혁신과 산업증대로 그리고 영토 확장과 식민지 개척을 통해 세계를 지배하는 패권 국가가 되었다.

20세기 들어서면서 독립한 지 200년도 안 된 신생국가 미국이 제1·2차 세계 대전을 거치면서 군사력과 경제력을 바탕으로 패권 국가가 되었다. 이러한 미국의 힘은 과학기술에서 나왔다. 제1차산업을 주도했던 영국이 2차 산업혁명 시기에 독일과 미국에 주도권을 뺏기고 독일은 제1차 세계 대전에서 패배로 패권 국가 경쟁에서 밀려나고 미국이 독무대가 되었다. 미국은 제3차, 4차 혁명에 절대적 강자 패권 국가로서 팍스 아메리카 시대를 열었다.

로마제국, 몽골제국, 오스만제국, 대영제국 등 이전의 패권 국가들도 힘으로 세계를 제패했지만, 경제·군사·기술·문화의 전반적 영역에서 압도적으로 주도하는 역사상 유일무이한 패권 국가로 21세기를 미국이 영향력을 행사하고 있는 것이다.

그러나 국제사회에서 영원한 강자가 없다. 세상을 호령했던 로마제국, 몽골제국, 오스만제국 등 영원하리라고 생각했으나 한순간 쇠퇴하여 패권을 상실하기도 했다.

오늘날 역사상 가장 강력한 패권 국가로 자처하는 미국의 힘은 어디에서 나오는 것인가 그것은 과학기술에서 찾아볼 수 있다.

초연결 사회라고 하는 오늘날 중요한 기반 기술인 인터넷 기반과 경제력과 군사력이 요체라고 할 수 있다. 제4차 산업혁명과 포스트 코로나 시대에 미국의 패권이 얼마나 진행될까? 1972년 냉전 이후 미국과 대화의 물꼬를 텄던 중국의 덩샤오핑에 의한 중국의 개방개혁과 그 유명한 흑묘백묘 이론인 실사구시 정책으로 13억의 인구를 잠에서 깨어나게 하여 세계 생산공장 역할을 한 중국이 미국에 이은 G2가 된 중국이 과연 미국을 능가하는 패권 국가가 될 것인가? 2013년 중국국가주석이 된 시진핑은 공동 부유론을 내세우고 중국의 현대화 목표를 달성하는데 필수적인 과학기술에 엄청난 투자를 하고 있다.

2018년부터 시작된 **미·중 무역전쟁**은 미·중 간 기술 패권의 전쟁으로 전개되면서 초강대국 미국과 중국의 갈등과 과학기술의 경쟁은 오래 지속될 수 있고 그러므로서 첨단기술의 **보안과 장벽**은 더 높아질 수 있다고 본다.

1992년 한국과 중국과 국교 수교 당시에 중국과 교류하거나 중국에 다녀온 사람들이 중국이 한국보다 앞선 것은 인구가 많은 것 하나라고 했지만, 지금은 반도체 기술하나만 빼고 과학기술부터 모든 부분이 양과 질적인 면에서 한국을 능가하고 있다고 말할 정도로 중국의 첨단기술도 미국이 견제할 수준까지 발전되었다.

제4차 산업혁명의 핵심 기술인 첨단 신기술은 2018년부터 전 세계 경제산업계에 엄청난 변화로 가져오고 있다. 또한, 첨단 신기술을 앞세우는 국가 간 경쟁이 치열하게 전개되면서 세계화가 무너지고 다자무역 체계가 흔들리고 보호무역과 기술동맹, 글로벌공급망 재편성 등 새로운 기술 패권 신냉전 시대가 국제정치에 영향을 미치는 오늘날 우리 대한민국이 미국과 중국을 어떻게 극복할 것인가? 오늘 우리들의 숙제이다.

미국과 중국의 패권경쟁과 갈등을 중재하고 조정할 수 있는 역량을 지난 G3가 되려는 '인천의 꿈! 대한민국의 미래' 비전 실현을 위해서는 지정학적 측면에서 지리적 환경여건이 열악한 대한민국이 어떻게 극복하여서 최첨단 신기술에 의한 기정학 시대 패권전쟁을 하는 미국과 중국의 첨단 과학기술을 인류의 평화와 행복을 위해 사용되고 협력할 수 있는 관계가 되도록 조정할 수 있는 역량을 지닌 대한민국의 과학기술 선진 강국이 될 수 있는 방안에 대한 내용은 추후 별도로 기술하기로 하면서 또한 전문가와 독자들의 의견제시와 깊은 연구가 되어지기를 기대한다.

대한민국이 올림픽 4강이나 월드컵 4강을 통해서 민족의 진운기에 처해서 결국은 남북한 해외 8천만 우리 민족이 홍익인간(弘益人間) · 광화세계(光化世界)의 **신선도 이념**을 갖고, 세계문화의 중심에 서서 영어로는 팍스 코리아나(*Fax UN Koreana*), 문화는 한국의 **신선도 문화**를 중심으로 하고, **세계 조직**은 유엔(UN)을 중심으로 하고 나중에 완전히 평화로운 세계정부로 바뀌어야 된다고 본다. 필자의 소망 하나는 이 세계정부가 평화의 인천 또는 비무장지대(DMZ)에 서기를 바란다.

04
FAANG를 뛰어넘을 수 있는 미래 과학기술 전략 수립과 실천이 중요하다

FAANG은 2010년대 중반의 미국 거대 IT 기업으로 세계기업의 자산가치 상위그룹인 페이스북(Facebook, 메타), 아마존(Amazon), 애플(Apple), 넷플릭스(Netflix), 구글(Google)을 통칭하는 신조어이다. 미국 IT산업 선도하는 기업과 특징은 플랫폼기업(공장과 제조시설이 없는) 빅테크 기업이다. 미국 생산량 18% 이상을 차지하고 있는 이들이 글로벌 시장에서 많은 사용자와 고객을 확보하고 있는데 이것은 잠재력이 더 큰 자산이다.

또한 이들 기업들이 수십 년 수백 년의 역사를 가졌거나 거대한 자본을 투자해서 출발한 회사들이 아니다. 아주 작은 자본으로 시작해서 아주 짧은 시간에 변화되는 시장을 읽고 대체하다 보니 지난 10년 동안 FAANG의 주가 상승률은 상상을 초월했고 시가 총액은 글로벌 상위그룹에 계속 링크되었다.

2023년에 들어서면서부터 디지털 기술에 의해서 새로운 시대로 변화되는 것을 우리는 여러 분야에서 감지할 수 있다. 이제 곧 디지털 경제에서 지금까지 우리나라가 겪어보지 못한 새로운 경제 시대가 열릴 것이다.

현재 글로벌 시가 총액 상위 기업 중 사우디 석유 국영회사 아람코와 테슬라, 버크셔, 해지웨이 등을 제외하고는 대부분 플랫폼 테크기업이 포진해 있다. 이러한 기업들의 공통점은 앞에서 말했듯이 온라인 플랫폼 기반으로 한다. 어떤 물건도 만들어서 팔지도 않는데 기업가치는 수백조에 이른다.

구글은 플랫폼을 개발하여 구글 검색을 하는 사람이 많을수록 이익이 커지는 구조다. 빅 테크기업들의 매출은 온라인 공간에서 되어지는 정보, 유통, 마케이팅, 광고 수입원이다. 이러한 시대 흐름을 읽고 선도했던 애플은 아이폰을 출시하면서 모바일 인터넷시대를 있게 한 스마트폰 대중화를 이끌었다.

글로벌 시가 총액 1위인 애플은 하나의 기업이지만 2023년 시가 총액 약 3,952조를 돌파하였다. GDP로 따지면 세계 8위 국가보다 크다. 한국, 캐나다, 이탈리아보다도 GDP가 많은 총액이다. 지금 시대는 우리가 상상할 수 없도록 급진적으로 변화하고 있다. 이 변화를 과학기술이 주도하고 있기에 이는 경제의 틀이 바뀌고 변한다는 것이다.

우리가 주목해야 할 기술은 디지털화 시대의 AI, IOT, 블록체인, 로봇, 드론과 제5차 산업혁명 시대를 이끌어갈 양자물리학 양자컴퓨터에 대하여 주목해야 한다.

우리 대한민국이 성장하기 위해서는 국내시장으로는 한계에 부닥친다. 지금까지 성장도 70% 정도를 수출에 의존했는데 향후 G3가 되려면 수출에 90% 이상 의존하는 경제 산업의 전략과 전술을 수립해서 철저한 준비와 실천적 추진이 필요하다.

초연결·초지능·초융합의 인류역사상 유례없는 **대변혁의 혁명**이 진행되고 있다. 기계가 스스로 움직이고 기계들이 서로 대화하여 정보를 주고받고 사물들이 인간이 생각하듯이 스스로 움직이고 현실과 가상의 경계가 없어 사물과 기계가 인간과 현실 세계와 가상의 세계에서 **공존하는 시대**가 도래되고 있다. 이러한 상상을 초월하는 변혁기에 우리는 어떻게 대처하고 준비해야 할 것인가가 이 시대의 지도자들과 대한민국이 **미래에 관한 대응 자세**요, **책임의식**이다.

우리나라는 5세대 이동통신이 5G의 상용화를 세계 제일 먼저 만들었고 한때 스마트폰 세계 점유율 1위를 기록했고 차세대 통신망을 세계에서 가장 빠르게 구축했고 세계에서 스마트폰을 가장 잘 다루는 국민이 되었다.

그러나 지금 세계 제일의 IT강국인 우리나라가 IT기술의 전반적인 분야에서 우리보다 현저하게 떨어진 중국에게도 추월당하고 있으며 기술의 질적·양적 모든 면에서 비교가 안 될 정도로 뒤떨어지고 있는 지금의 현실을 직시하면서 이를 극복할 **새로운 미래전략**을 세워야 한다.

이에 대하여 『카이스트 미래전략 2023-기정학(技政學)의 시대, 누가 21세기 기술 패권을 차지할 것인가?』(KAIST문술미래전략대학원 미래전략연구센터, 김영사, 2022.10.28.)에서 기술한 **100년의 기술패권 미래전략** 내용을 요약해서 소개하고자 한다.

첫째 (발굴전략) : 추격형 연구개발에서 선도형 연구개발로

우리나라의 국가 R&D 전략에는 아직 허점이 많다. '코리아 R&D 패러독스'나 '장록 특허'란 표현이 이를 명백히 보여준다.

2021년에 집행된 국가 연구개발비는 전년 13.1% 증가한 27조 4,005억 원이었다. 국내총생산 GDP 대비로만 따지면 세계 선두를 다툰다. 하지만 특허청의 조사 결과에 따르면 국내 특허 가운데 활용 건수는 약 57% 정도이며, 특히 국가 연구개발비를 투입한 출연 연구소와 대학의 특허 활용률은 33.7%에 불과했다. 과제 성공률은 90% 이상이지만 사업화 성공률은 20%에 그치는 식이다.

우리나라가 신기술, 특히 국가경쟁력으로 직결되는 원천 기술을 확보하기 위해서는 연구개발 전략부터 재점검하고 혁신하는 일이 절실하다.

지금 벌어지는 치열한 기술 선점 경쟁에서는 먼저 개발하는 자가 시장을 장악한다. 'all or nothing', 즉 전부 아니면 전무인 것이다. 이러한 변화 속에서 선도형 연구개발 전략이 나오지 않는다면 우리에게 미래는 없다.

첨단기술을 놓고 미국과 치열한 경쟁을 벌이는 중국도 AI, 빅데이터, 양자 정보 기술, 사물인터넷, 가상현실·증강현실 등 디지털 전환 관련 정보통신기술(ICT) 기술 투자를 확대하며 지능화 시대를 대비하는 중이다.[5]

---

5) 2023.11.2. 과학기술정보통신부가 주최한 '2024년 ICT 산업전망 콘퍼런스'에서 정보통신기획평가원(IITP)은 내년도 ICT 10대 이슈로 △인공지능(AI) △반도체 △모빌리티 △콘텐츠 △디지털 라이프 △네트워크 △SDx △안전 △패권경쟁 △디지털 심화를 선정했다. https://www.etnews.com/20231102000268

'**선택과 집중**'은 자원이 부족한 우리나라엔 불가피한 전략**이다.** 오랫동안 우리나라는 연구개발 투자의 60% 이상을 기초연구가 아닌 '산업 생산 및 기술 분야'에 투자**해왔는데, 이는** 한정된 자원을 효율적으로 활용해 주력 산업을 육성해야 하는 상황에서의 **생존 전략**이었다. 그러나 이 제도는 추격형 모델을 벗어나 선도형 모델로 전환해야 하는 시점**에 도달했다. 이를 위해서는 기초연구 분야**에 더 초점을 맞춰야 **한다.**

둘째(육성전략) : 국가경쟁력의 원천이 될 과학 자본의 축적

문화 자본은 한순간에 축적되지 않는다. 지속적 학습, 자연스러운 환경, 사회적 관계 등을 통해 오랜 시간에 걸쳐 천천히 형성된다. 과학 자본도 마찬가지다. 과학기술 발전의 기초 자산이자 국가경쟁력의 기반이 되는 과학 자본의 축적을 위한 몇 가지 정책의 기본 관점과 큰 방향을 제시하면 다음과 같다.

첫째, 과학기술 정책은 과학기술 연구개발만으로는 부족하며 과학교육과 과학 문화가 뒷받침되어야 한다. 즉, 과학교육을 통한 우수 과학자 양성, 연구개발을 통한 가치 창출, 과학 문화 확산을 통한 과학기술 가치 확산과 향유 등을 유기적으로 연계하고 선순환하는 정책이 필요하다.

둘째, 인재 중심의 관점을 일관되게 견지해야 한다. 기술이 중요하지만, 기술의 주체는 사람이다. 우수 인재의 양성은 곧 우수한 기술 개발로 이어진다. 혁신과 첨단기술은 혁신적 과학기술 인재가 만들고 혁신 기업은 창조적 인재들이 이끌어간다.

최근 제4차 산업혁명의 디지털 대전환 과정에서 반도체 분야의 중요성이 더 커지고 있는데, 반도체 기술의 미래는 곧 반도체 인재가 결정한다. 한국은 반도체의 위탁 생산, 즉 파운드리(foundry) 부문에서 2021년 기준 점유율 14%로 세계 2위를 기록했지만, 반도체 설계를 전문으로 하는 팹리스(fabless) 부문의 경쟁력은 점유율 1.0%로 매우 취약하다. 이 부문을 이끌어가려면 훌륭한 인재 확보가 우선이다.

셋째, '모두를 위한 과학교육'이 필요하다. 그러자면 형식 과학교육뿐 아니라 비형식 과학교육에 대한 지원을 대폭 확대해야 한다. 교육은 형식 교육과 비형식 교육으로 나뉜다. 학교 같은 공식적 장소에서 표준 교육과정대로 의도적, 계획적, 체계적으로 진행하는 교육은 '형식 교육'이다. 반면 '비형식 교육'은 형식 교육과 달리 의도성 체계성, 지속성이 없거나 약하지만 학교 교육 이외의 다양한 형태로 이루어지는 교육이며, 학교 밖 교육이라고도 부른다.

디지털 시대의 속성을 고려해 제도권 교육에만 의존할 것이 아니라, 다양한 산업 현장에서도 지속적이고 체계적인 교육이 이루어질 수 있도록 시스템을 마련해야 한다.

넷째, 과학적 사회를 이어주고 과학계와 대중이 서로 소통할 수 있는 과학 커뮤니케이션의 활성화가 중요하다. 과학기술은 어디까지나 사회의 한 부분이며 과학의 발전은 사회의 발전과 별개의 것이 아니다. 과학기술의 주요한 역할 중 하나는 사회문제 해결과 지구 인류의 난제 해결이다. 그러려면 과학과 사회의 소통, 과학자와 대중의 과학 소통이 활성화해야 한다. 과학기술 이유도 정치·사회에서 주요 어젠다가 되어야 하며, 다양한 분야와 여러 계층에서 이에 대한 이해와 참여가 필요하다. 과학 소통 활성화를 통해 과학기술에 대한 사회적 관심을 높이는 것이야말로 과학 자본의 형성과 축적의 출발점이 될 수 있다.

셋째(확보전략) : 기술 주권, 기술 식민지가 되지 않기 위한 열쇠

현대적인 기술 주권 개념은 유럽에서 처음 나왔다. 세계의 지식 허브로서 자부하던 유럽의 과학 경쟁력이 미국에 추월당하고 주요 첨단 산업 분야에서 한국·일본·중국에 연이어 추격당하는 과정에서 유럽의 산업 경쟁력에 불어닥친 위기의식이 그 출발점이다.

이러한 위기의식 속에서 등장한 유럽의 기술 주권 담론은 미·중 무역 분쟁에서 G2 간의 대립이 과학기술·첨단산업 분야에 집중되고 팬데믹이 장기화해 공급망이 교란되고, 미국·일본·호주·인도의 안보 협의체 쿼드(Quadrilateral Security Dialogue : QUAD)와 인도-태평양경제프레임워크(Indo-Pacific Economic Framework : IPEF)가 출범하고 러시아가 우크라이나를 침공하는 등 글로벌 안보 환경이 급격하게 변화하면서 전 세계로 확산하고 있다.

특히 최근의 기술 주권 논의에는 AI, 5G, 양자 정보 기술, 반도체, 배터리, 에너지 등의 첨단 과학기술과 제조 생산 기술, 그리고 공급망 이슈가 포함된다. 주권을 빼앗겼던 제국주의 시대 식민지처럼 기술패권주의 시대에서 기술 주권을 확보하지 못하면 기술 식민지가 될지도 모른다.

넷째(활용전략) : 기술·경제·안보를 아우르는 통합 외교

세계가 바라보는 대전환은 어떠한 것인가? 대전환 담론의 핵심은 국제질서에서 힘의 이동과 그 이면에 있는 신흥 기술(신기술)의 대두, 즉 기술혁신에 있다. 중국과 아시아가 부상하면서 일어난 힘의 이동, 그리고 AI와 같은 신흥 기술의 등장으로 국제질서에 거대한 지각변동이 전개되고 있다는 것이다.

AI와 같은 신흥 기술을 주도하는 국가가 미래의 리더가 될 것이라는 인식 아래 신흥 기술, 첨단기술은 미국과 중국 간 전략 경쟁과 패권경쟁의 핵심이 되고 있다. 패권 상실의 위기를 강조하면서 인공지능과 반도체 등에 대규모 투자를 추진하는 미국, 그리고 중화민족의 위대한 부흥 실현의 기회를 강조하면서 핵심기술 돌파와 과학기술의 자립·자강을 강조하는 중국이 이러한 대전환의 주요한 축이다.

국제질서의 변화와 기술혁신이 동시에 전개되는 대전환의 시대를 맞아 세계 각국은 신흥 기술이 주도할 미래 질서에서의 우위를 확보하기 위해 치열한 전략 전쟁을 펼치고 있다. **신흥 기술을 둘러싼 세계의 경쟁**은 미래 경제 리더십만이 아니라 가치·규범 경쟁 및 군사 안보 경쟁과도 연계되어 있기 때문이다. 한국의 미래 국가 전략 **또한 이러한** 기술–경제–외교·안보–가치·규범의 연계 구조를 반영해, **글로벌 혁신을 이끄는 선도적으로 떠오르기 위한 대전략**을 구상해야 한다.

이젠 기술 문제를 단순히 경제 분야에 국한해 바라보기보다 국제정치의 구조와 질서, 안보, 가치·규범 등의 요소와 연계해 분석하고 접근해야 한다. 즉 전통적인 군사·안보 개념의 외교 전략을 넘어 기술, 경제, 안보, 가치·규범을 아우르는 융합적 접근과 복합적 외교 전략이 필요하다. 기술, 경제, 그리고 외교·안보 분야를 잇는 적극적 소통과 전략적 고유가 더 중요해진 시점이다.

기술협력을 위한 다자 체제에 적극적으로 참여해 신흥 기술 분야와 디지털 분야의 표준의 나아가 가치·규범 관련 국제사회의 논의에도 적극적으로 관여해야 한다.

한국 또한 과학기술의 경쟁력을 높이면서 신기술 동맹이라는 질서에 대응하기 위해서는 과학기술과 외교·안보 이슈 간 융합적 소통과 전략의 모색을 보다 확대해야 한다.

필자가 8년 전 한양대학교 4차산업연구소를 30년 가까이 이끌어온 4차 산업혁명 분야의 세계적 석학 조병완 교수를 알게 되어 지금까지 4차·5차 산업혁명 분야의 지식을 틈틈이 학습하고 있으나 언제나 부족함을 느끼고 있다. 나는 대한민국이 G3로 가기 위해서 성공하기 위해서는 과학기술의 분야의 미래전략 수립과 실천의 중요하다고 생각한다.

특히 카이스 미래전략에서 제시한 4가지 전략 방향을 오늘 우리가 준비하고 실천해야 한다고 본다. 그러나 이를 이루기 위해서는 나는 첫 번째도 두 번째도 세 번째도 사람이고 사람의 사고가 바뀌어야 하고 사람의 행동이 변해야 하는데 그 사람은 곧 지도자 리더라고 생각한다. 우리 대한민국은 현재의 모든 구조에서 학자나 현장에 있는 전문가들이 강조하고 노력해도 국가적·사회적 제도와 규범에 의해서 미래로 나가는 길이 차단되기 쉽기 때문에, 국가의 지도자, 지방 정부의 **지도자와의 인식과 확고**

한 **신념·의지**가 있을 때만이 가능하다고 본다.

   G3를 향한 '인천의 꿈! 대한민국의 미래'를 책임질 지도자들의 끊임없는 학습과 미래에 대한 인식변화를 기대한다.

05

K-G3가 된다

대한민국이 앞으로 G3가 될 수 있는 잠재력과 능력을 지닌 국가라고 생각한다.

그 당위성의 **첫 번째**로 우리의 언어 한글에서 찾고자 한다.

인간이 삶의 목적을 추구하는 과정과 그리고 문명을 발전시키는데 필연적으로 인간과 인간의 소통행위에 사용하는 음성 또는 문자가 가장 중요한 요소인 언어다.

언어에 대한 정의는 다양하게 논의되고 있으나 보편적으로 인간이 자신의 생각을 말과 글로서 전달하기 위해서 사용하는 체계 또는 사물·행동·생각의 상태를 나타내는 체계라고 한다. 그래서 말과 문자는 그 나라 또는 그 민족의 문화를 나타내게 하는 대표적인 도구의 잣대라고 한다.

필자는 한국의 대표적 상품 자산을 우리의 한글이라고 생각한다.

전세계언어 학자들은 인류역사상 가장 우수한 문자로 한글을 뽑는다.

영국의 유명한 명문대학 옥스퍼드대학에서 세계 모든 문자를 합리성, 과학성, 독창성의 기준으로 심사해서 순위로 정했더니 한글이 1위를 차지했다고 한다.

UN 기구인 유네스코에서 고유 문자가 없는 민족이나 언어소통이 잘 안 되는 세계 여러 소수 민족에게 한글사용을 권장하고 있다.

1997년 프랑스에서 열렸던 세계 언어 학자대회에서 한글을 세계 공통어로 사용자는 의견까지 제시되었다.

한글은 자음 14개와 모음 10개로 세상의 모든 소리를 담아낼 수 있다. 영국, 중국어, 일어 등은 소리를 고작 300~500개 정도 표현할 수밖에 없는데 우리 한글은 1만1,172개가 가능하다. 타이핑을 할 때 중국이나 일본어는 우선 영어로 입력한 후에 자국어로 변화해야 하지만 한글은 표음 문자라서 바로 즉시 빠르게 타이핑이 된다. 이것은 과학적이고 규칙적이기 때문이다.

한글을 세종대왕께서 "슬기로운 자는 아침을 마치기도 전에 깨우칠 것이요, 어리석은 자도 열흘이면 배울 수 있다"라고 한글에 대하여 말씀하셨는데 언어는 누구나 쉽게 배울 수 있고 다양하게 그 뜻을 말과 문자로 전달할 수 있어야 그것이 최고 언어라고 본다.

우리의 한글은 세계에서 가장 으뜸의 언어로 자랑해도 되고 우리가 전개하는 정치, 외교, 경제, 통상, 문화, 관광, 무역, 산업에서 우리의 대표상표 한글을 더 많이 알리고 드높여야 한다.

둘째로 신이 내린 선물 신비한 영약 불로초 고려인삼의 가치를 우리는 얼마가 알고 있고 우리는 세계인이 인정하는 고려인삼을 제대로 관리하고 활용하고 있는지 생각해 보아야 한다.

문헌상으로 고려인삼을 한반도에서 1500년 전부터 재배해 온 오랜 역사를 가진 우리나라 대표적인 약초로서 영어로는 panax라고 부르는데 이는 만병통치약이라는 뜻이다.

현재 중국, 일본, 미국 등 여러 나라에서 인삼이 재배된다. 우리나라가 인삼의 최적지라고는 어느 나라도 부인 못 하고 인정되어 왔으나, 근자에는 인삼 종주국인 우리나라에서 인삼에 대한 효능과 개발에 대한 연구와 재배생산에 확산시키지 않는 틈을 타서 미국, 일본, 캐나다, 중국 등에서 '**고려인삼**'이라는 명칭 대신 '아시아 인삼'이라고 부르고 있고, 인삼에 대한 연구 논문과 다양한 제품개발은 우리나라보다 다른 나라에서 더 활발히 하고 있는 실정이다.

인류는 그동안 살아오면서 자연의 환경과 질병과 끊임없이 싸움을 해 왔다. 이런 과정을 통해서 경험과 지혜가 발달하면서 천연약물과 건강식품을 사용하면서 그 효능을 검증해 왔다. **고려인삼**을 약용식물로 이용한 것은 약 4~5천 년 전으로 보며 그 효과가 탁월하여 영약, 선약, 불로초 등의 여러 가지로 불렸으며, 고대 중국 최초의 통일국가를 만든 진나라 시황제(秦始皇帝, B.C. 220년)는 고려인삼으로 짐작되는 불로초를 구하기 위하여 수시로 **한반도** 삼신산(금강산, 지리산, 한라산)에 신하(서복)를 보냈다고 한다.

고대 동양에서는 **고려인삼**이 으뜸의 약초라는 것은 모든 의서에 기록되어 있고 현대에 들어와서 전 세계 제약사들이 인삼을 소재로 **신약**을 만들어 내고 있다. 이렇게 소중한 우리나라의 신비한 약초 고려인삼을 전 세계인들의 만병을 다스리는 소중한 **식품**, 소중한 **의약**으로 발전시킬 때 **G3 대한민국**을 더욱 빛나게 할 것이다.

셋째로 유네스코 인류 무형 문화유산으로 등재된 우리의 소리 아리랑이다. 아리랑은 대한민국의 대표적인 민요이지만 이제는 대한민국을 넘어서 세계인들이 가장 사랑하고 애창되는 지구촌의 노래가 되었다. 아리랑에는 소리, 음악뿐만 아니라 아리랑이 내포하고 있는 가치가 다양한 문화 예술 장르로 확대 발전되고 있다. 특히 아리랑 소리에는 사람의 기쁨, 슬픔, 소망의 희로애락이 모두 포함되어 있으며 때와 장소와 목적에 따라 개인에서부터 수많은 사람의 집단까지 슬픔의 한을 달래거나 행복한 즐거움을 공동체로 하나로 단합시키거나 한다.

아리랑 아리랑 아라리요~, 가자 가자 어서야 가자! 백두산 덜미에 해 저물어 간다. 이것은 우리가 항일 독립운동을 할 때, 백두산 천지는 민족의 우리 백성들 마음의 고향이었다. 평화의 고향이고, 독립의 고향이었다.

미래의 꿈을 희망으로 승화시키는 창조주의 소리라고까지 말할 정도로 다양하게 부르고 참여하는 사람들의 마음을 사로잡는 참으로 위대한 소리와 멜로디이다.

프랑스, 독일, 영국 등 세계 언론이 극찬하는 한국인 재즈 보컬리스트가 있다. 올해 54세 나윤선 씨다. 여성 가수로서 오늘날 가장 위대하고 훌륭한 한국인 재즈싱어라고 세계가 극찬한다. 나윤선 씨는 재즈라는 서양음악을 하지만 스스로 아리랑 전도사라고 한다. 2014년 소치 동계올림픽 폐막식에서 아리랑을 불러 세계인에게 다시 한번 우리의 아리랑 소리에 빠져들게 만들었다.

아이도, 어른도, 남성도, 여성도 누구나 부를 수 있고 어느 누구와도 함께 부를 수 있는 아리랑 지금은 모든 장르에서 응용되는 화음 아리랑이 세계인의 평화와 행복을 주는 소중한 자산이 되었다.

"아리랑 아리랑 아라리요~"

넷째로는 우리 대한민국 국민에게는 세계 우수한 민족국가들이 가지고 있는 그들의 정신적 이념과 철학, 사상보다는 한 차원 높은 인간과 우주를 귀하게 여기는 이념을 가지고 그 이념을 기본정신으로 하여 유구한 역사 속에서 수많은 부침을 당하면서도 세계 어느 민족에 뒤떨어지지 않는 독창적인 문화를 창조하는 오늘의 대한민국의 저력은 우리 한민족의 위대한 건국이념인 홍익인간 이념이 있었기 때문이다.

홍익인간(弘益人間)은 "널리 인간을 이롭게 하다"는 뜻도 있으나 글자의 뜻을 해석하게 되면은 "인간을 크게 도우라" 뜻이고 그것은 **인간**을 모든 가치에 앞세우는 사상이다.

홍익인간은 '널리'보다는 '크게'의 의미가 우선이다. 익(益)은 이롭게 한다거나 돕는다는 의미이며 '행복하게 해주라'는 취지로 의역할 수 있다. 고로 홍익인간의 이념은 "인간을 크게 행복하게 해주라"는 참으로 숭고한 철학적 가치가 내재한 인류 행복 실현을 위한 사상이다.

우리나라가 「교육기본법」 제2조[6]에 홍익인간을 교육이념으로 채택한 것은 홍익인간이 우리 민족과 우리나라의 건국이념이기도 하지만 고루한 민족주의 이념이나 편협된 사상이 아닌 인류공영이란 뜻으로

---

6) 교육은 홍익인간(弘益人間)의 이념 아래 모든 국민으로 하여금 인격을 도야(陶冶)하고 자주적 생활능력과 민주시민으로서 필요한 자질을 갖추게 함으로써 인간다운 삶을 영위하게 하고 민주국가의 발전과 인류공영(人類共榮)의 이상을 실현하는 데에 이바지하게 함을 목적으로 한다.

민주주의의 기본정신에 부합되는 이념으로서 기독교의 박애정신, 유교의 인(仁), 불교의 자비심과 상통되는 인류의 행복추구의 근본 목적을 이루는 이념이다.

　우리나라의 참으로 소중한 자산이며 제4차 산업혁명시대 극복하고 제5차 산업혁명시대를 선도할 역량의 에너지가 될 수 있는 세계 제일의 과학적 언어인 한글과 신이 내린 선물 고려인삼과 천상의 소리 아리랑 그리고 지구촌 한 가족 한 인류로서 공생·공영공존의 사상 이념인 홍익인간 정신을 가지고 있는 대한민국이기에 21세기 우리의 K-컬쳐, K-푸드 등 다양한 분야의 콘텐츠가 지금 세계로 열광시키고 있는 한류이고 G3를 이를 수 있는 잠재력이 지금 표출되고 있는 것이다.

4차·5차 산업혁명에
대한 논의

01
4차·5차 산업혁명에 대하여 논의하면서

2015년부터 우리나라에서 가장 많이 사용하는 단어 중 하나가 4차 산업혁명이라는 단어라고 생각한다. 학자, 경제인, 정부 관료 등이 인용해 쓰는 4차 산업혁명에 대하여 모두가 전문가처럼 말하고 다 안다고 한다.

그러나 자세히 들어보면 거의 대부분이 IT(정보기술), BT(생명공학기술), ET(환경공학기술)에 관하여 이야기하면서 4차 산업혁명시대는 무엇이라고 말하지만, 4차 산업혁명의 시대를 어떻게 본질적인 것에는 접근 못하고 있다는 사실을 발견할 수 있다.

특히 4차 산업혁명시대에 이어서 바로 진행되는 5차 산업혁명의 시대의 핵심내용과 5차 산업혁명이 인류문명에 미치는 영향에 대하여 실제로 연구하고 그 깊이를 정확하게 설명하는 학자들은 세계적으로 많지 않은 것으로 알고 있다.

필자 또한 4차 산업과 5차 산업혁명에 대하여 기본개념은 이해하지만 이에 대한 논의를 하기에는 역량이 따르지 않기에 많은 고민을 하다가 융합학에 대하여 타의 추종을 불허하며 쉼 없이 창조주의 신비를 알

기 위해 기도하면서 탐구 활동하는 한양대학교 공과대학 조병완 명예
교수의 저술내용과 강의내용을 중심으로 4차·5차 산업혁명의 대응 전
략에 대하여 요점만 기술하려고 한다.

사물인터넷과 인공지능 로봇, 무인 자율자동차… 등이 선도하는 4차
산업혁명이 전 세계적으로 발전하면서 첨단소재 과학 및 양자 컴퓨팅
과 함께 양자장 이론, 인간 대체 인공지능 로봇 공학, 줄기세포, 유전자
치료, 편집 같은 합성생물학, 양자 뇌과학이 더욱 발전하여, 인류의 모
든 질병을 정복하고, 구글의 칼리코(Calico)프로젝트처럼 돈 있는 사람은
인간 수명 500세를 지향하는 피하고 싶은 영생불사의 신 인류시대가
다가오고 있다.

뿐만 아니라, 2019년 노벨 물리학상 영예의 태양계 외계 행성의 놀
라운 발견은 우주의 광대함과 우주 외계에 인간 같은 지적 생명체와 지
구 같은 녹색 행성의 발견 가능성을 보여주고 있으며, 2019년 4월 세
계 최초 경이로운 우주 탄생의 신비: 블랙홀의 관측, 2015년 세계 최초
중력파의 발견 같은 1905년 아인슈타인의 특수 상대성 이론과 1915년
일반 상대성 이론의 천재성, 모든 물질과 의식의 근원인 양자역학의 도
약, 중첩, 얽힘, 불확정성의 신비를 만나면서, 양자 컴퓨팅 기반의 양자
통신, 우주 중력파 천문학, 우주 외계인, 영생불사의 인간이 공존하는
새로운 지구 문명, Civilization 2.0의 우주 대 문명의 시작을 알리고
있다.

이와 같이 모든 것이 변화된 5차 산업혁명시대에 우리 인류는 인공

지능 로봇과 지배자 또는 노예로서 공존하며, 최신 양자 과학이 증명하는 창세기 빛으로 이루어진 만물과 인간, 외계 지적 생명체(외계인, UFO)의 과학적 구원을 위한 우주 만물 공존 시대의 생활 신앙이 **종교 2.0 개념**이며, 만물이 초연결된 유기체 지능화 로봇 도시(Organic Smart City)에서 우주 만물의 조화로운 행복 문명 시대가 30년 전·후에 예측되는 **5차 산업혁명시대인 것이다.**

5차 산업혁명시대에 예측되는 사회적 변화를 요약하면 다음과 같다.

1) 강인공지능 기계 로봇의 지능이 인간을 초월하는 **싱귤래리티 시대** 도래로, 킬러 로봇, 섹스 로봇… 권력 지배 또는 인간 가치 상실, 노예 인류 전락 가능성

2) 상대성이론으로 해법을 찾은 심각한 지구온난화의 기상이변과 연계된 지구와 태양… 등, 행성 주기, 축 변화를 인공지능, 양자 컴퓨팅으로 예측하는 **우주적 빙하기 시대**와 **우주 도시 식민지 시대** 도래

3) 첨단 바이오 유전자 편집 및 가위 기술로 모든 질병과 암에 면역력이 강한 바이오 인간, 인간 친구 및 식품 합성생물, 생물학 무기의 괴 바이러스 전 세계 감염병이 출현하고, 심각해진 저출산은 인공 자궁 공장에서 유전자 편집으로 **슈퍼 베이비가 탄생**하여, 빛의 에너지 파동으로 식사를 하며, 일부 부유층은 구글의 칼리코(Calico) 프로젝트처럼 2030년대 500세 **인간 수명 영생불사 시대** 도래

4) 인공지능 뇌 칩과 양자역학의 바이오 센트리즘으로 학문과 지식, 행복, 영성을 에너지 파동으로 전송하여 **전통적 학교·종교 시스템이 붕괴**된 시대

5) 양자장 이론의 발전으로 창세기 빛과 물질의 근원이 밝혀짐에 따라, 양자, 바이오, 로봇의 시대적 상황 변화에 맞는 **정통 종교의 신앙 방법론 및 생활 철학의 변화 시대**가 온다.

거대하고도 무서운 5차 산업혁명시대가 코로나바이러스처럼, 피할 수 없는 운명으로 다가오고 있다. 녹색 지구, 전 인류 차원에서 여러분과 함께 공존하기 위하여 첨단 상대성이론과 양자장이론, 인공지능, 사물인터넷, CPS… 등 첨단 정보통신 기술을 세계 최초로 융복합하여 미래 지구와 인류의 위기를 조속히 알리고, 산업화에 따른 경제 활성화를 위하여 종교와 상대성이론, 양자역학, 영점장 이론… 등 첨단 과학에 무지한 상태에서, 최근 노벨상에 빛나는 과학자들의 훌륭한 업적들에 부러움과 놀라운 찬사를 보내며, 이 분야 전문가들의 많은 지도와 양해를 구하며, 내용과 방법, 번역에 국제적 협력을 구하고자 한다.

위 내용은 조병완 교수의 30년 동안 4차 산업혁명연구소를 운영하면서 연구한 내용을 보고한 세계 최초 5차 산업혁명보고서의 서문의 글이다.

필자는 20여 년간 매년 1월 1일이면 하느님께 물어보기도 하고, 약

속하기도 하고 때로는 간구하기도 한다.

"지난 일 년 동안에도 답을 얻지 못했습니다."

"하느님께서 저에게 주신 달란트가 무엇인지 깨닫지 못했습니다."

"하느님께서 저에게 바라는 소명이 무엇입니까?"

"제가 하느님을 위해서 해야 할 일이 무엇인지 금년에는 알게 해주시고 깨달음을 통해서 행동하는 제가 되도록 도와주시기 바랍니다."

매년 1월이면 간구하고 기도하지만, 아직도 나는 깨닫지 못하고 있다.

막연하게 나와 함께 살고 있는 모든 사람들이 그리고 앞으로 오는 미래의 모든 인류가 보다 행복하게 살았으면 좋겠다는 생각으로 인류의 행복 실현에 도움이 되는 내가 되리라고 부단히 노력할 뿐이다.

그러나 필자가 말로는 생각으로는 인류의 행복실현을 위한다고 하지만 과연 나의 삶이 또한 미래를 창조해가는 나의 행동이 인류 행복을 위해 실제로 얼마나 유익한 생활을 하는지 반문할 때 자신 있게 내놓을 것이 없었다. 그러나 4차 산업혁명과 5차 산업혁명에 대하여 하는 학습이 아직은 안개 속이지만 필자가 가야 할 미래에 대하여 조금씩 보이기 시작하고 현재에서 미래를 창조해가야 한다는 신념이 생긴다.

02
조화로운 행복 문명시대 5차 산업혁명

기술패권 시대에 있어서 살아남기 위해서는 옛날처럼 앞서가는 국가의 기술을 답습하는 추격형 전략으로는 안 된다.

지금까지의 인류 역사는 인간의 행동과 활동을 제약하는 시간과 공간에서 지내왔다면 5차 산업혁명시대는 시간과 공간을 초월하여 인간 본연의 자아를 실현시켜가는 시대라고 볼 수 있다. 지금까지 우리가 느끼지 못하고 알지 못한 제3의 공간 속에서 살아가는 시대가 5차 산업혁명시대에서 구현될 것이라고 본다.

5차 산업혁명의 기술적 배경을 살펴볼 때,

2010년 스마트 팩토리로 시작된 독일 정부의 4차 산업혁명이 세계 각국에서 경제 활성화를 위한 창조적 파괴 기술로 점차 발전하면서 사물인터넷, 혼합현실, 블록체인, 인공지능, 로봇⋯ 같은 첨단 정보통신 기술이 초연결된 무인 자율자동차, 드론 군집주행, 감성인지 휴머노이드 로봇, 블록체인 암호화폐, 사물인터넷 제품 및 시설, 공유경제 플랫폼 등이 일부 세계적 기업의 성공 사례로 서서히 나타나고 있다.

그러나 대부분 국가에서 시급한 경제 활성화와 4차 산업혁명 동참을 위해 4차 산업혁명 기반의 스마트 도시, 경제, 산업 등에 천문학적 예산을 투입하고 있지만, 사업 주체는 발주처 사업 설계자, 시행자, 감독자들의 4차 산업혁명 개념이 아닌 최첨단 정보통신과 관련 분야의 SW+HW+전통 산업 융복합 구축 기술 방법론의 혁신적 교육 및 아이디어 부재와 이를 실행할 수 있는 초연결, 초융합, 초지능, 다융합 창의 인력 부재로 방향조차 못 잡고 있다.

단순히 깡통 같은 로봇 무인 자율자동차, 스마트 팩토리, 드론, 인공지능, 블록체인 등 시행자의 단편적 개념 한계 내에서 언론상에 소개된 첨단 산업기술만 도입한 채, 4차 산업혁명 초연결·초융합·초지능 개념 없이 예산만 낭비한 채 다소 천천히 진행되는 문제점을 안고 있다.

무섭게 발전하는 첨단 과학과 공학·인문학·천문학 지식들을 융복합하는 창의적 아이디어 창출과 협업 능력 코딩 능력, 지구 환경 및 우주적 사회 가치와 개인 인성 함양을 강조하는 새로운 1:1 맞춤형 교육, 컨설팅 시스템에 의한 사회, 산업 융·복합적 인재 양성이 가능한 일부 조직과 4차 산업혁명을 앞서가는 세계적 CEO의 조직에서는 4차 산업혁명이 빠르게 진행되고 있다.

4차 산업혁명이 사물인터넷 센서와 다양한 인터넷 정보에 의한 초연결 플랫폼 기반의 데이터 융복합 혁명으로 간주되기도 하지만 이와 더불어, 산업을 이끄는 공학 분야의 첨단소재 과학 및 인공지능 로봇 공학 줄기세포 유전자 치료, 편집 같은 합성생물학·양자 뇌과학이 더욱 발전하면서, 모든 인류 질병을 정복하고, 노후 신체 장기를 3D프린팅 인공장기로 대체하여 구글의 칼리코 프로젝트처럼 인간 수명 500세를 지향하는 영생불사의 전자인간 신 인류시대가 다가오고 있다.

그뿐만 아니라, 2019년 노벨 물리학상 영예의 태양계 외계 행성의 놀라운 발견은 우주의 광대함과 우주 외계에 인간 같은 지적 생명체와 지구 같은 녹색 행성의 발견 기능성을 보여주고 있으며, 2019년 4월 세계 최초 경이로운 우주 탄생의 신비: 블랙홀의 관측, 2015년 세계 최초 중력파의 발견 같은 1905년 아인슈타인의 특수 상대성 이론과 1915년 일반 상대성 이론의 천재성, 모든 물질과 의식의 근원인 양자역학의 도약, 중첩, 얽힘, 불확정성의 신비를 만나면서, 양자 컴퓨팅 기반의 양자 통신, 우주 중력파 천문학, 만물 초연결 인터넷 플랫폼, 인공지능 로봇, 인류세[7]-'영생불사의 인간이 공존하는 새로운 지구 문명 (Cization) 2.0'의 우주 대문명의 시작을 알리고 있다.

우주 대문명의 시대 지구라는 3차원적 공간에 시간이 더해진 4차원적 지구에서 인간은 도시화하는 명분 아래 무차별 화석 연료 개발과 산림 파괴, 지하수 오염, 환경 파괴로 인하여 대기 중에 이산화탄소가 증가하면서 극심한 혹한, 혹서, 폭우, 가뭄, 태풍… 같은 심각한 기상이변과 생태계 파괴라는 지구온난화 현상을 겪고 있다.

---

7) 인류세(人類世, Anthropocene)란 네덜란드 대기과학자로 노벨화학상 수상자인 **파울 크 뤼천**이 2000년에 처음 제안한 용어로, '인류가 지구 기후와 생태계를 변화시켜 만들어진 새로운 지질시대'를 말한다. 인류세의 시작은 보통 1950년대 이후부터로 본다.

이와 같이 지구온난화는 지구 이산화탄소 문제 외에도 원천적 우주 천문 물리와 상대성이론의 에너지=질량 차원의 지구 물리 운동에 따른 접근이 필요하며, 더욱 발전되는 양자 컴퓨팅과 인공지능, 로봇으로 더 편리해진 스마트 네트워크 생활과 함께, 지구의 미래 위험성을 예측하고 필요시에는 화성·달 같은 우주 식민지와 거대 우주 정거장 같은 우주 스마트 도시를 개척해야 할 것이다. 이것이 우주와 함께하는 5차 산업혁명시대의 신개념 인류문명, Civilzation 2.0 시대인 것이다.

창조주 하나님의 빛=전자기파=광자 입자=파동=의식 행동으로 구현된 과학적 성경의 믿음 속에 과학적 영성으로 하나님의 큰 빛에 복속하는 진리의 극, 무, 공, 천국의 행복을 양자 파동 뇌과학으로 우주 인류문명의 정신과 환경을 치유하는 우주 만물 공존 시대의 생활 신앙이 **종교 2.0 개념**[8]이며, 만물이 초연결된 유기체 지능화 도시(Organic Smart City)에서 우주 만물의 조화로운 행복 문명 시대가 30년 후에 예측되는 제**5차 산업혁명시대**인 것이다.

4차 산업혁명과 5차 산업혁명시대에 대하여 전혀 학습하지 않았던 지난날에는 미래에 대하여 무지 그 자체였고 미래를 왜 내가 알아야 하지? 예측해야 하는 것이 사치에 불과했다.

그러나 조화로운 행복 문명 시대를 우리 인간이 열 수 있다는 생각

---

8) 스위스 출신의 유명한 무신론자인 **알랭 드 보통**(Alain de Botton)이 제안한 개념으로, 종교의 신앙적인 내용을 버리고, 종교가 제공하는 예술, 교육, 공동체, 의식 등의 유익한 측면을 인정하고 배우자는 주장이다.

을 확신하게 되면서 나는 하느님께 살아있는 것 자체에 대하여 감사드린다.

필자를 비롯하여 수많은 사람들이 특히 이 시대 우리 청년들이 언제나 우리를 빛 가운데로 희망 가운데로 이끄시는 힘, 창조주에게 **감사**하는 **마음**을 가지고 살았으면 좋겠다. "얻어먹을 수 있는 힘만 있어도 그것은 하느님의 은총입니다."라며 동냥을 하여 다리 밑에서 움직일 수 없는 걸인들을 돌보았던 음성 꽃동네 최기동 할아버지의 삶을 생각해 본다.

03
5차 산업혁명을 이끌어가는 핵심기술

로마제국의 6배에 달하는 광대한 영토를 정복했던 13세기의 몽골제국은 유라시아의 대륙의 여러 나라 군대보다 그 속도가 5배나 빨랐다.

몽골 기병 한 사람당 말 4~5마리와 비상식량 가벼운 복장으로 경량화하여 칭기즈칸은 속도를 먼저 장악하여 세계를 제패했다.

세계는 지금 **속도 전쟁**이다. 우리는 세계의 **변화 흐름**을 읽어야 하고 그 흐름을 이끌어야 한다. 4차 산업혁명의 핵심기술은 **초연결**로부터 시작**된다**.

4차 산업혁명은 독일의 사물인터넷 기반 스마트 팩토리에서 시작되어 무인 자율자동차, 드론, Fying car로 이어지는 데이터 혁명의 Autonomous Things 무인 자율 지능화가 목표이었다면 5차 산업혁명은 초우주 문명시대. 양자역학 기반의 가상계-현실계-정신계(CPS: Cyber-Physical-Spiritual) 3계 다중 융합(Triple Convergence)을 유발하는 의식혁명으로 우주 삼라만상 구성 요소별 초연결된 조화 지능체(to purse the harmony & Happiness as a Networked Organism) 사회이며, 이를 유발한 주요 기술적 요인을 요약·정리하면 다음과 같다.

1) 상대성 이론

1905년 아인슈타인이 제창한 시간과 공간에 대한 물리 이론으로, 특수 상대성 이론과 일반 상대성 이론으로 나뉜다. 상대성이론에 따르면, 서로 다른 상대 속도로 움직이는 관측자들은 같은 사건에 대해 서로 다른 시간과 공간에서 일어난 것으로 측정하며. 그 대신 물리 법칙의 내용은 관측자 모두에 대해 서로 동일하다.

특수 상대성 이론의 주요 결론은 다음과 같다.
(1) 진공에서의 빛의 속도 30만 km/h는 모든 관측자에 대하여 동일하다.
(2) 모든 관성 좌표계에 있는 관측자에 대해 물리 법칙은 동일하다(여기에는 전자기학의 법칙도 포함된다).
이 두 공준으로부터 다음과 같은 현상들을 예측할 수 있다.

▶시간 확장: 움직이는 물체 내(S1)에서의 시간 변화는 외부 관찰자(S)에게 천천히 시간이 변화하는 것으로 보이기 때문에 5차 산업혁명 시대 시공간을 초월한 시간 여행이 가능해지고, 우주여행 시 미국 헐리우드 SF 영화 '인터스텔라'처럼 극대 질량의 시간 지연으로 지구 대비해서 시간이 천천히 흐르게 된다.

▶길이 축소: 외부관찰자(S)의 눈에 초고속으로 움직이는 물체는 외부관찰자(S)의 눈에 비친 움직이는 길이 방향으로 짧아져 보인다. 우주 공간상의 월홀처럼 초우주 여행 시대에 그 옛날 도인들의 축

지법처럼 공간을 휘게 하여 여행시간을 단축할 수도 있다.

▶질량-에너지 등가원리 : E= mc2 공식에 의해 에너지와 질량은 등가이고 변환할 수 있다. 따라서 5차산업 혁명 초우주 시대의 새로운 에너지원을 우주 공간 속 73%를 차지하는 암흑에너지(dark energy)로부터 핵융합 반응을 통해 얻을 수도 있고 모든 물질의 소립자를 구성하여 요동치는 입자 · 반입자의 양자 영점장으로부터 에너지=질량 상호 등가 변환에 의한 창세기 빛의 거동 특성으로 생명체를 포함한 우주 만물의 생성 원리 규명 및 미래 에너지를 해결할 가능성이 있다.

2) 첨단 우주 천문학

전통적으로 연구해오던 우주 행성들의 생성과 소멸, 운동과 주기 같은 물리적 운동을 넘어, 21세기 최첨단 양자역학의 발전과 우주 가속 팽창, 블랙홀, 웜홀, 암흑 물질, 암흑에너지의 발견은 6,600만 년 전 지구 다섯 번째 생태계 대멸종의 지구 빙하기를 유발했던 소행성 충돌의 전조 같은 미래 행성 충돌을 예측 · 대응하고, 더욱 문제가 되는 심각한 지구 기상이변을 초래하는 지구온난화의 온도 상승을 상대성이론의 온도=에너지=지구 질량=시공간의 변화로 해석하는 첨단 상대성이론의 지구 물리학을 제안하여 인공지능과 함께 우주적 재난에 대한 예측과 대응하는 우주 문명 도시가 탄생하여 2030년대 달, 화성 우주여행 상용화 시대의 워프 시간 여행, 우주선 여행으로, 외계 지적 생명체와 만

날 수 있는 우주 공존 문명의 시대가 오고 있다.

3) 미래 스마트도시

2000년대 초반부터 시작된 3차 산업혁명 시대의 스마트 시티는 컴퓨터와 인터넷 데이터 기반의 대상별 Smart Management가 목표이었으며, 사물인터넷과 인공지능, 로봇…기술들이 융합된 시설물들이 스스로 판단하는 자율 지능화된 플랫폼 도시 Autonomous City가 4차 산업혁명시대의 스마트 시티 개념이다.

인간의 판단을 최소화 또는 무인화하는 4차 산업혁명의 자율(Autonomous) 개념이 도시 문명의 근본인 무공해 양자 핵융합 에너지, 양자의학과 유전자 편집, 휴머노이드 로봇 합성 전자 동식물. 기술 등이 융합된 새로운 사회. 5차 산업혁명 무병장수 신인류가 탄생하면서 지구온난화의 극심한 지구상 기상이변 탈출과 호기심이 우주여행, 우주 식민지 시대와 연계된 우주 속 스마트 시티가 탄생되고 이들은 지능화 로봇처럼 생물학적 유기체 개념의 Organic Mechanism이 융합된 유기체 도시(Organic City)로 발전하게 된다.

5차 산업혁명 스마트 시티에서는 상대성이론과 양자역학의 보편화로 생활 속의 질량=중력-시공간 왜곡=에너지=파동=초연결 개념으로 4차원적 시공간 로보틱 구조, 자율 도시 생산, 소비, 경제 인프라, 3D프린팅 건설 자율 협력 로봇, 무인 자율 교통체…등이 시공간 장(Fields)의 의식계 안에서 새로운 양자 핵융합 에너지원으로 움직이게 된다.

4) 양자역학

분자, 원자로 이루어지는 삼라만상의 물질 구조의 원천을 파헤치려는 인간의 노력은 스위스에 길이 27㎞ 둘레의 강입자 가속 충돌기를 설치하고, 이들 원자 입자를 경이적인 빛의 속도로 충돌시켜 물질의 근원에 가장 근접한 쿼크(quark)[9], 렙톤[10], 힉스(higgs)[11]로 구성되는 17개 표준모형을 밝혀내었다.

삼라만상 존재의 근원인 물질이 빛의 이중 슬릿 실험 때문에 입자이자 파동이라는 믿을 수 없는 관찰자의 효과가 나타나고, 양자도약에 의한 창조주. 창세기 빛의 근원이 밝혀짐으로써 물질과 생명체들의 근원적 본질을 찾아내었으며, 양자 얽힘에 의해 상대성이론을 위반하는 빛의 속도보다 더 빠른 양자 원격 전송을 수천㎞의 우주 공간상에 실현함으로써, 초우주 시대 외계 생명체 외계 비행체 UFO와 소통할 수 있는 과학적 토대를 마련하게 된다.

---

9) 경입자(輕粒子, lepton, 렙톤)와 더불어 물질을 이루는 가장 근본적인 입자다. 경입자가 아닌, 색전하(QCD)를 띤 기본 페르미(fermion) 입자이다. 중입자와 중간자(meson)를 이룬다.

10) 강한 상호작용에 영향을 받지 않고 스핀이 1/2(페르미온)인 기본 입자(Elementary Particle). 어원은 작고 얇다는 뜻의 그리스어 'λεπτός(렙토스)'이다.

11) 1964년 영국의 이론물리학자인 **피터 힉스**가 자발적 대칭성 깨짐(힉스 메커니즘 혹은 힉스-앤더슨 메커니즘)을 설명하기 위해 도입한 개념으로 표준모형의 기본 입자중의 하나이다.

5) 양자 의학

20세기 위대한 정신분석학자인 프로이트와 융은 심리학적으로. '마음은 양자 에너지'라고 생각하였으며, 양자역학의 세계적인 권위자 데이비드 봄(David J. Bohm)은 "존재하는 모든 것은 그 크기와 관계없이 항상 **입자와 파동의 이중성**으로 되어 있다"라고 했으며 "입자와 파동은 동전의 양면과 같은 구조를 하고 있지만, 실상은 두 구조가 **서로 다른 차원의 공간에 존재**하고 있다"라고 설명했다.

파동은 입자와는 다른 차원에 존재하기 때문에 비록 우리의 5감으로는 인식할 수 없지만, 실제로 존재하는 객관적 실체라고 했다. 이런 봄의 이론을 인체에 적용할 경우. 사람은 에너지 파동으로 구성되는 몸(입자적 구조)과 마음(파동), 정신(영적 파동)의 삼중구조로 되어 있다고 볼 수 있다.

현대 의학에서는 인체가 오로지 물질적 구조(몸)로만 구성되어 있고, 마음은 단지 뇌의 전기적 혹은 생화학적 부산물인 것으로 **취급**한다. 그러나 최근 **양자 의학**에서는 우리 인체를 몸, 양자 파동장, 마음, 정신(영혼)의 3중 구조로 되어 있는 것으로 본다. 현대의학은 육체에 대해서만 질병의 원인, 진단 및 치료를 논하는 데 비해 양자 의학은 양자역학의 인체 구성 세포의 소립자와 파동으로 육체 외에도 양자파동장 차원과 마음 차원에서의 질병의 원인 진단 및 마음을 다루는 심성 의학을 통합적으로 다루는 인간(환자) 중심의 의학이며, 마음의 의학이라고 할 수 있다. 여기서 우리는 인간 행복과 건강의 근원을 찾는 철학과 종교의 새로운 방법을 정립할 수 있다.

6) 합성생물학

질병 없는 무병 건강 장수 반인간-반로봇 전자 인간 시대 새로운 인간 수명의 윤리적 논쟁과 인공 자궁을 통한 인류 신생아의 탄생, 상보적 수소결합을 하는 DNA의 염기 배열 A-T, G-C에 유전적 형질 개선을 위한 X-Y, P-Q 추가적 합성 염기 생성 배열 방법 정립에 따라 사회 환경 적응형 특이종 유전자 생성 합성으로 변형된 맞춤형 인간의 친구 또는 노예, 아바타 생물의 탄생 이로 인한 합성 바이러스의 신종 바이러스 감염병 퇴치, 각종 환경 오염 정화. 인체 통신을 가속화하는 DNA 생체 정보통신으로 의식만으로도 소통하는 텔레파시 통신의 시대가 도래한다.

정보 통신공학이 베리 칩은 기존의 RFID·NFC[12]처럼 사물의 디지털 정보를 확인하는(식별용) 반도체라는 뜻인데, 수술이나 주사 등의 방식으로 사람이나 동식물 몸 안에 아주 작은 크기의 마이크로 칩을 삽입하여 신분(Identity)을 확인하는 것이다. 미국에서는 2004년에 FDA 승인을 받을 당시에는 가축과 반려동물, 멸종 위기 동물 관리를 위한 용도였고, 5차 산업혁명 초우주 문명 시대에는 국가 또는 도시 차원의 인적 자원

---

12) 무선 주파수 인증(RFID: Radio-Frequency IDentification), 근거리 무선 통신(NFC: Near Field Communication) 무선 주파수를 이용해 멀리 떨어진 장소에서 정보를 판별할 수 있도록 하는 기술이다.

관리와 외계인, 동식물과의 텔레파시 통신을 위해 베리 칩을 인간 또는
합성 전자 로봇에게 우주용 ID로서 삽입하게 될 것이다.

7) 인공지능의 진화

인공지능(AI, Artificial Intelligence)이란 인간처럼 사고하고 감지하고 행
동하도록 설계된 일련의 알고리즘 체계라고 할 수 있다. 삼성 스마트폰
의 '빅스비'나 여러 인터넷 포털의 음성인식 검색서비스 다양한 음성인
식 비서 챗봇, 무인 자율 자동차도 인공지능의 한 종류라고 할 수 있다.

1956년 수학자, 과학자 등 10여 명이 모인 다트머스 회의(Dartmouth
Conference)에서 처음 개념이 탄생한 인공지능은 60년이 지나면서 2016
년 2월 구글은 딥러닝 기반의 알파고를 놀라움 속에 탄생시켰다.

딥러닝은 기계 스스로가 다 계층의 신경망 구조를 통해 인간이 알려
주지 않은 데이터의 특징 값까지 스스로 추출해 내는 놀라운 능력을 보
여주는 기술로 10년밖에 되지 않은 짧은 기간에 인공지능을 대표하는
핵심기술로 자리 잡았지만, 향후는 더욱 발전된 양자 컴퓨팅과 5G 이
동 통신 기술, 블록체인 신뢰 네트워크 기술, 클라우드 컴퓨팅, GPU처
럼 고속 연산 처리가 가능한 범용적인 하드웨어 기술과의 융합으로 기
하급수적으로 발전하여, 미래 학자들이 우려하는 인간의 지식 능력을
초월하는 스트롱 인공지능 시대가 도래하게 된다.

모셰 바르디 미국 라이스대 컴퓨터과학과 교수는 2045년이면 인간
이 할 수 있는 일의 매우 중요한 부분을 인공지능 로봇 기계가 직접 수

행할 것으로 전망하며 기계가 인간이 할 수 있는 일을 대신하게 되면 인간은 무엇을 할 것인가?가 중요한 국가적 관심사로 떠오르게 될 것이라고 했다.

8) 양자 컴퓨팅

위키피디아에 의하면 양자 컴퓨터(Quantum computer)는 양자 얽힘(entanglement)이나 양자 중첩(superposition) 같은 양자역학적인 현상을 활용하여 자료를 순식간에 처리하는 계산 기계이다.

또한, 그러한 방법을 양자 컴퓨팅(Quantum computing)이라고도 한다.

고전적인(전통적인) 컴퓨터에서 자료의 양은 전류의 유무에 따라 0과 1의 비트로 측정된다. 양자 컴퓨팅은 양자비트(quantum bits) 또는 큐비트(Qubit)를 활용하기 때문에 매우 강력하다. 1 또는 0인 클래식 비트와 달리 양자 중첩으로 동시에 존재할 수 있는 큐비트는 동시에 두 가지를 조합해 사용할 수 있다. 이 같은 양자 현상 덕분에 양자 컴퓨터는 기존 기계가 순차적으로 처리해야 하는 많은 양의 데이터를 병렬로 처리할 수 있다.

양자 정보통신은 정보 사회의 패러다임을 바꿀 신기술로써 최근 2019년 가을 Google과 IBM은 53큐비트의 14번째 양자컴퓨터를 발표하였다. **구글 인공지능 퀀텀**(Google AI Quantum) 프로세서는 현재 세계에서 가장 강력한 상용 슈퍼컴퓨터 IBM 서밋(Summit)에서는 약 1만 년이 걸릴 연산을 3분 20초 만에 수행했다고 한다.

급속도로 변하는 오늘의 시대를 일부 미래학자들은 인간이 만들어 내는 과학기술이 인간을 파괴할 것이라고 비관적으로 말하는 사람들도 있지만 반면에 5차 산업혁명의 핵심 신기술을 잘 활용하면 지금까지 인류가 해왔던 제로섬 시대를 지나서 함께 상생하는 **플러스섬** 시대를 만들어 갈 수 있다고 긍정적인 주장을 하는 학자들과 연구가들이 대다수인 것 같다.

'인천의 꿈! 대한민국의 미래'를 이끄는 지도자들은 경쟁 속에 협력이라는 명제 아래 5차산업 혁명 핵심기술을 이해하고 활용하여 협력과 협동 그리고 공영하는 플러스섬 시대를 열어가야 할 것이다.

04
홍익인간 이념과 5차 산업혁명시대

2016년 세계경제포럼인 다보스포럼의 회장 클라우스 슈밥(Klaus Schwab)에 의해 대중적으로 알려진 '4차 산업혁명'이라는 말은 사실 2011년 독일에서 시작되었다. 4차 산업혁명이란 단순한 산업 분야의 변화가 아니라 사회 전체 시스템의 변화로 보아야 할 것이다. 4차 산업혁명은 지능화 · 융합화를 통한 미래 국가경쟁력을 좌우하는 대전환기적 패러다임으로 대두되고 있다. 일자리부터 복지, 경제, 교육, 생활, 종교 등을 초연결하는 시스템이기 때문이다. 많은 기업들이 이러한 방향으로 변화해 가고 있다.

지금도 스마트폰과 SNS, 이메일, 유튜브… 등이 인터넷을 통해 사람들 간의 초연결을 이루어주고 있지만, 더 나아가 양자역학 및 바이오 생체 의 · 공학이 비약적으로 발전하면서 우주 만물의 근원 및 생성 원리가 밝혀지고 새로운 존재 방식의 사물들 간의 연결, 사람과 사물 간의 연결, 사물과 공간의 연결, 공간과 사람의 연결 등 가상현실과 실제 현실이 인간 정신 의식 세계와 연결되는 초연결의 시대가 가능해지면서 인공지능 로봇과 합성 전자 인간으로 나락에 빠진 힘없는 인간의 행복, 구원을 위한 인간과 신, 창조주 하나님의 초연결이 절실한 새로운 인류문명 시대가 도래하게 되었다.

과거 약 6,500만 년 전 공룡 및 지구생태계를 대절멸[13]로 내몰았던 제5대 지구 빙하기는 폭 14㎞의 작은 소행성(운석)이 오늘날 멕시코 유카탄반도에 충돌하여 지구 역사상 상상이 가지 않는 초기 높이 1.5㎞의 쓰나미(해일) 때문이었으며, 악화되고 있는 지구온난화를 초월한 빙하기 시대의 지구생태계 대멸종 같은 예측이 과학적으로 검증되는 우주-지구 대혼란의 시대가 빠르면 10년부터 30년 이내라고 미국 NASA, 영국, 호주 대학교⋯ 연구 기관 등에서 예측하고 있다.

미국 신생 혁신기업의 아이콘인 테슬라(주)의 일론 머스크가 한 발언에 의하면 향후 컴퓨터에 인간의 기억이 모두 저장된다고 한다. 즉 앞으로의 학술이나 교육. 등의 디지털 문명들은 클라우드 상에 저장되어 인간의 뇌와 사물인터넷 개념으로 네트워킹된다고 생각하면 될 것이다.

인공지능 과학자 겸 미래학자인 레이 커즈와일(Ray Kurzweil)은 현재의 인공지능 발전 속도를 고려할 때, 서기 2040년경에 인공지능이 특이점에 도달할 것이며,[14] 기술적 특이점 이후 인류는 일부 탐욕에 빠진 조직

---

13) 대량절멸(大量絶滅, mass extinction, extinction-level event : ELE, biotic crisis) 또는 절멸사건(絶滅事件, extinction event), 거시적인 생물군의 다양성과 개체 수에 있어서 급속한 감소가 일어나는 현상을 나타낸다.
14) 2005년 저서 『특이점이 온다(The singularity is near)』를 통해 오는 2045년 인공 지능이 인간의 지능을 뛰어넘을 것이라고 예측했다.

또는 나라의 과도한 욕심으로 인공지능에 의해 멸종하거나 혹은 인공
지능 나노 정신계 로봇의 도움을 받아 영생을 누릴 것으로 예측하였다.

성경 창세기편에서 하나님께서 빛을 만드시고, 이어서 인간과 만물
을 창조하셨다고 한다.

그렇다. 우주와 지구상의 모든 물질과 인간, 동식물들이 양자역학적
빛의 파동으로 이루어졌으며, 21세기 첨단 양자역학은 유럽 입자물리
연구소 CERN[15]에서 만물을 구성하는 원자핵과 전자를 빛의 속도로 더
욱 쪼개어 빛의 파동으로 이루어지는 업 쿼크, 다운쿼크, 중성미자, 전
자가 우주상의 강한 핵력 약한 핵력, 전자기력, 중력으로 물체의 형태
를 이루고 있음을 밝혀냈다.

하나님도 인간도, 모든 만물이 **빛**으로 이루어졌고 인간의 의식 또한 빛전
자의 에너지=파동=뇌파로 생성**되기에** 5차 산업혁명 시대에 절실한 인간
의 정신적 구원 역시, 우주상의 모든 힘이 통합되는 양자역학적 11차원 M-
이론의 에너지, 파동으로부터 초자연적 하나님(빛)의 뜻에 **통섭**(統攝)하는 새
로운 **과학적 영성 방법**의 신앙 시대가 가능하게 되었다.

양자역학으로 밝혀진 빛의 특성에 따라. 하나님의 빛의 진정한 참뜻
을 찾아 빛 = 전자기파 = 광자입자 = 파동 = 의식 = 행동으로 과학적

---

15) Organisation Européenne pour la Recherche Nucléaire 약자. 인터넷의 기반이 된
    월드 와이드 웹(World Wide Web, WWW)과 컴퓨팅 GRID 시스템을 세계 최초로
    개발한 곳이기도 하다. 2009년부터 세계 최고의 거대 강입자 가속기(Large Hadron
    Collider, LHC)를 가동하고 있고, 신의 입자로 불리는 힉스 보존(Higgs Boson)을 발견
    하였다.

성경 해석의 믿음 속에 과학적 영성으로 하나님의 큰 빛에 복속하는 진리의 극, 무, 공, 천국의 행복을 양자 파동 뇌과학으로 우주 인류문명의 정신, 환경을 치유하는 우주 만물 공존 시대의 생활 신앙이 종교 2.0 개념이며. 만물이 초연결된 유기체 지능화 도시(Organic Smart City)에서 우주 만물의 조화로운 행복 문명 시대가 30년 후에 예측되는 제5차 산업 혁명 시대인 것이다.

이러한 5차 산업혁명시대의 조화로운 행복 시대의 중심철학은 홍익 인간 이념과 정신에서 찾아야 할 것이다.

홍익인간 이념의 유래는 천부경에서 찾고 있다. 유대 이스라엘사람들이 성서를 통해 천지창조를 알고 하느님을 찾아가듯이 옛 우리 선조들은 천부경을 통해 천지창조를 알고 하느님을 섬기는 백성이었다. 그 실천적 행동은 홍익인간 이념을 근본으로 했다.

천부경(天符經)은 우주가 생성되기 이전 무(無)에서 시작한 천지창조의 원리를 81자 한자에 담은 하늘의 말씀이다.[16]

가로·세로 9자로 81자가 처음과 끝이 하나로 통하는 뜻이다.

하나로 시작하였으나 시작이 없는 하나 一始無始一(일시무시일)

하나로 끝맺으나 끝이 없는 하나 一終無終一(일종무종일)

하나로 다시 끝나는데 그 끝나는 하나는 없다. 그러니까 이 우주는

---

16) 우주를 나타내는 수리철학으로 완성을 한 것인데 이것은 신라의 유명한 철인인 고운 최치원(崔致遠) 선생이 유불도에 능하여 81자로 경부작첩(更復作帖, 고쳐서 시를 썼다)했다고 『환단고기』에 나온다.

하나로 시작해가지고 여러 가지로 하나에서부터 열까지 수리 철학으로 이렇게 변화해서 하나의 원상으로 돌아가지만 결국 끝남은 없다고 진리를 표현하기도 한다.

5차 산업혁명의 핵심내용 양자역학에서 인간과 자연과 우주의 모든 존재물도 있는 것도 없는 것도 모두 이롭게 조화롭게 해야 한다는 하느님의 말씀이라는 것을 과학으로 증명하고 이를 실현하는 것이 홍익인간 이념이라고 증거가 되고 있다.

※ 5차 산업혁명 시대에 대하여 필자가 논한 내용에 대하여서는 필자가 현재도 공부하고 있기에 서로 학습하는 입장에서는 의견을 논의할 수 있지만, 깊이가 있는 전문적인 부분에 대하여서는 토론이나 연구가 필요하신 분들은 **조병완** 교수와 직접 의견을 교환하시면 좋겠습니다(조병완 교수 전자메일 joycon@hanmail.net).

부 록

www.facebook.com

페이스북에 게재한 내용

* 필자의 facebook QR코드

▍보수의 참된 가치

우리나라에서는 정치적 노선 선택이 참으로 어렵다.

오늘의 현실은 정당이 다르면, 지지하는 사람이 다르면, 함께 밥도 먹지 않고 적대시한다. 또한, 지역갈등으로 그 지역이 선호하는 정당을 지지하지 않으면 고향이 같은 사람들에게도 왕따 당한다.

특히 모호한 개념으로 보수와 진보로 양분된 우리나라의 정치적 이데올로기가 자유민주주의·대의민주주의의 본질에서 벗어난 전체주위에 가까운 양당 구조의 오늘의 정치 현실에서 보수·진보의 성향을 떠나서 합리적이고 개혁적이며 실용주의의 사고를 지닌 사람들이 사회적 활동, 정치 활동, 정당 활동을 하기가 참으로 어렵다.

오늘은 보수의 가치에 대하여 많은 분께 의견을 구하고자 합니다.

보수를 자칭하는 정치인과 정당이 가장 중시 여겨야 할 것이 "품격"이라고 생각합니다.

제가 생각하는 보수의 가치는

1. 정직

2. 배려

3. 나눔

이라고 생각하기 때문입니다.

언제부터인가 정치현장에서 정직이라는 용어가 사라지고 그 자리에

공정·소통·협치 등 하위 개념이 대신하는데 이러한 실천적 내용도 정직과 배려와 나눔의 가치가 존중되고 살아 있어야만 국가와 국민에게 유익한 정치 활동이 전개되리라고 봅니다.

저의 논리에 부족한 부분은 보완을 유지해주시면 고맙겠습니다.

2023. 1. 14.

백석두

■ 중국, 우리에게 어떤 존재인가?

1988년 11월 20일 홍콩으로 가서 구룡반도를 통해서 상해부터 연변과 도문시까지 21일 동안 중국대륙 여러 도시를 방문했다.

당시 유네스코 한국 청소년 활동 지도자 협의회 회장으로서 협의회 소속 지도자 20여 명과 함께 한중 첫 교류사업으로 정부에서 지원하여 중국 중요도시 여러 곳을 방문했다.

기억에 남는 것은 모든 도시 새까만 인민 복장에 웃음기 없는 덤덤한 표정의 중국인들의 끝없는 자전거 행렬이다.

1992년 한중수교가 되고 서울에 중국 대표 대사 부가 들어서고 그때부터 지금까지 주한중국대사관 고위외교관들과 친분을 유지하며 교류하고 있다.

그동안 공적, 사적으로 중국 전역에 걸쳐 수십 번 다녀왔다.

그러나 아직 중국에 대해서 제대로 알고 있다고 할 수 없다.

최근 양국에서 반중 반한 여론이 퍼지는 것은 지구촌 미래와 동북아 그리고 우리 한반도의 평화통일에 도움이 안 되는 것으로 본다.

1980년대 후반 탈냉전 시대에 힘입어 전 세계가 공산주의 또는 독재체제 정권들이 붕괴하면서 엄청난 변화를 겪었다. 그중 수많은 나라가 국가발전에 실패했지만 대표적으로 자본주의 민주화를 통해 성공한 대한민국과 사회주의 체제를 유지하며 개혁개방으로 경제적으로 성공한 나라가 중국이다.

나는 지구촌의 평화와 번영을 위해서 동북아시아 한국·중국·일본의 역할이 대단히 중요하다고 보는데 한·중·일 관계는 크게 발전의 기미가 보이지 않는다.

　그 원인이 여러 가지 있겠지만 한·중·일이 하나 되는 지름길이 있는가 모색하고자 먼저 중국에 대하여 깊이 알고자 여러 권의 책을 구입하여 내용을 살펴보았더니 중국 공산당의 운영체제를 자세히 다룬 중국의 통치체제를 정독하다가 지금까지 내가 막연히 알았던 중국의 실체를 알게 되어 페이스북 친구 여러분께 소개합니다.

　2023. 1. 15.

　백석두

▌대한민국의 미래를 책임지는 인천

"양자 경제의 메카 인천"

▌유정복 인천광역시장의 역할 ▌

세계 초일류도시!

제물포 르네상스!

뉴 홍콩 시티!

제목만 보아도 가슴이 뛰고 설렌다.

민선 8기 인천수장 유정복 시장의 핵심공약이다.

이런 거대한 담론을 실제적으로 실현시키기 위해서 어떠한 내용과 소재를 가지고 추진하는지 인천시민과 세계인 모두의 관심사이다.

연초 시정소개와 여러 기관 단체 초청 강연에서 자신 넘치는 확고한 의지와 열정적 모습으로 인천의 미래를 밝히는 유 시장의 모습에서 기대가 커진다.

나는 유정복 시장이 하고자 하는 핵심공약 사업은 충분히 해낼 것이라고 믿는다.

누구보다도 인천 사랑과 지혜와 일에 대한 욕심과 추진력과 역량을 지녔기 때문이다.

또한, 인천이 가지고 있는 인프라는 유 시장이 이루고자 하는 '인천의 꿈 대한민국의 미래'를 뒷받침하고 만들 수 있는 충분한 여건을 지니고 있다.

그러나 **리더**가 아무리 뛰어난 역량과 주변 환경이 좋다고 하여도 중요한 것은 **시스템**과 이루고자 하는 **목표**가 시민과 시대정신에 부합되는 **가치**와 **방향성**이다.

또한 유 시장이 뛰어난 능력과 열정이 넘쳐도 이보다 중요한 것은 창조적 발상과 함께 자율적으로 소신껏 업무를 수행하는 시 정부 및 산하 공기업의 **효율적 시스템 작동**이며 시민의 **능동적인 참여**다.

둘째로 최소한 5년 10년을 내다보는 시대정신이다.

자본주의 경제가 더욱 나은 부유함을 추구하는 인간의 끝없는 욕망이 더 많은 재산 더 많은 소비가 더 많은 환경파괴를 하고 몰가치적 인간들이 주류 세력이 되고 있으며 지구는 팬데믹, 기후 온난화, AI 등 최첨단 과학기술 발전으로 인간이 멸망할 수도 있다는 주장도 있는 오늘의 현실이다.

나는 유정복 시장께서 가지고 있는 원대한 꿈과 인천을 발전시키는 모토를 '양자'에서 찾기를 권고해 드린다.

유 시장이 세계정치지도자와 대한민국의 수많은 정치지도자와 지방자치단체장 중에서 처음으로 5차 산업혁명시대를 준비해야 한다고 말하고 또한 양자역학을 이해하고 있기에 감히 좀 더 구체적으로 인천의 발전 토대를 **"양자 경제"**에서 찾기를 부탁드린다.

에너지가 물질이고 물질이 에너지 양자역학이 밝혀낸 우주의 기본 공식은 0.1. 양자택일이 아닌 이것저것 모두 아우르는 통합이다.

선순환·지속발전, 생태계복원과 보존, 사람 행복을 최우선시하는 새로운 경제체제 양자 경제를 인천발전 모토로 하여 인천을 양자 세계의 메카로 발전시켜서 유정복 시장이 꿈꾸는 '인천의 꿈 대한민국의 미래'를 완성하시기 바라며 유 시장께서 이것을 시대정신으로 승화시켜 주었으면 좋겠다.

2023. 1. 18.

나눔재단 의장 백석두

▌ 대한민국 국민이 보다 높은 가치를 실현하는 집단지성을 존중하는 2023년

2023년은 인류가 행복한 꿈을 꾸고 행복한 생활을 하기를 기원합니다.

지난해 12월과 새해 들어서 10여 권의 책을 읽었다.

이해력이 부족해서 모두 기억을 못 하지만 그중 다시 읽고 싶은 책이 있다.

1. '아시아 평화 중심 창조국가'를 만들고자 매년 발행하는 『카이스트 미래전략 2023』 보고서가 2022년과는 조금 다른 기조로 연구가 되어졌다.

기술패권 경쟁이 불러오는 신냉전체제가 도래한 것으로 보는 관점이다.

그동안 국제정세는 지정학적으로 보았다면 이제는 기정학적(과학기술)으로 국제 정치를 분석하면서 우리 대한민국의 미래도 기정학적 측면에서 준비하고 대응해야 한다는 여러 학자의 땀 흘린 연구보고서가 큰 의미를 부여한다.

2. 독일에서 벤처 투자자 활동과 비즈니스 철학자인 앤더스 인 셋이 쓴 『양자 경제』가 나의 이분법적 사고에 문제를 제기한다.

다름을 인정하고 다름과 함께 공존하며 합일점을 찾아가는 것이 오늘 우리 인간이 취해야 할 자세라고 5차 산업혁명 양자 경제시대 지구를 살리고 인류가 멸망하지 않기 위해서는 정치·경제 등 여러 분야와 과학기술 사물 등 모든 것을 양자적 관점에서 사고하고 실천 행동해야 할 때라고.

3. 1988년 11월 처음 한중교류 제1호 사업으로 청소년지도자 중국 탐방을 정부가 지원해서 중국대륙을 21일동안 누비고 그 이후 수십 번 다녀오면서 중국에 대해서 많이 안다고 자부했는데 20차 중국 공산당 대회에서 시진핑 주석이 3번째 연임이 되는 것을 보고 내가 아는 중국은 수박 겉핥기였구나! 생각이 들어서 서울대 조영남 교수가 쓴 『중국 체제 1.2』를 정독했더니 향후 시진핑 주석이 15년 이상 중국을 통치할 거라는 생각이 든다.

이에 우리 대한민국은 어떻게 단일 집단체제로 일사불란하게 움직이는 거대한 중국과 상호협력 관계를 유지하며 공생과 공영을 추구하는 역량을 키워야 할지???

인류역사상 유례없는 변화의 물결 중심이 2023년이라고 본다.

특히 인천의 큰 발전적 변화를 기대한다. 민선 6기 유정복 시장의 비전이 '인천의 꿈, 대한민국의 미래'였다. 그런데 8기 민선 시장에 당선된 유정복 시장의 비전이 다시 인천의 꿈 대한민국의 미래다.

유정복 시장의 '인천의 꿈, 대한민국의 미래'를 성공적으로 실천하겠다는 의지가 인천의 엄청난 변화와 발전을 가져올 것으로 생각한다.

나는 어떻게 해야 우리가 오늘과 미래를 행복하게 살아갈 수 있느냐? 대명제를 생각할 때 올해는 더욱 사색과 학습과 실천적 행동을 열정적으로 해야 할 것 같다.

존경하옵는 많은 분께 제가 시대에 뒤떨어지는 낙오자가 되지 않도록 지속적인 관심과 이끌어 주시기를 부탁 올립니다.

2023. 1. 20.

백석두 큰절

▋ 21세기 지구의 위기는 지도자 리스크
'2023년 에너지 위기, 생계위기!'

인류 행복 실현, 지구촌 미래를 위한 지도자 포럼을 인천에서

2020년 초 코로나가 창궐하자 모든 나라는 대문을 걸어 잠그기 시작했다. 세계화, 지구촌 공동체, 위기가 도래되었는데도 어느 누구 나서는 지도자가 없었다.

당시에 국내 국외 문제를 해결하려면 트럼프, 시진핑, 푸틴, 아베, 문재인에게 아무리 말해도 소용이 없고 코로나에게 말해야 해결의 답이 나온다는 웃숩거리 말도 한 적이 있다.

세계 수많은 지도자 가운데 팬데믹 해결을 위해서 머리를 맞대고 인류의 생존과 행복을 위해서 논의하자고 주선하는 지도자가 없었다. 오로지 자국민의 감염확대 방지만을 위해서 혈안이 되었다.

물론 각국의 수반은 자국민의 생명과 안전이 최우선이지만은 오늘의 세계는 한 국가만이 살아갈 수 있는 구조가 아니다.

이미 과학기술 발달이 가져온 경제구조는 지구촌이 하나의 생존 공동체로 발전시켰다.

2023년 다보스포럼의 글로벌 리스크 보고서의 「오늘의 위기」에 대하여 논하고자 한다.

〈2023년 잠재적 리스크 5가지〉

1. 에너지 공급위기

2. 생계위기

3. 물가상승

4. 식품공급

5. 핵심 인프라에 대한 사이버 공격

〈향후 2년 이내 리스크 5가지〉

1. 생계위기

2. 자연재해와 극단적 기상 이변

3. 지정학적 대립

4. 기후변화 완화 실패

5. 사회적 결속 악화·양극화

　1971년에 시작해서 지금은 세계 경제인, 학자, 정치 지도자들이 모여서 경제 문제와 국제적 실천적 과제를 모색하고자 그동안 많은 공헌을 했다고 본다.

　그러나 시간이 지나면서 포럼에 참여한 인사들의 양적·질적 비중에 비하여 오늘 인류가 당면한 문제해결과 실천적 행동보다는 주최자 측과 참여자들의 자기 과시하는 사교클럽으로 퇴색되는 경향이 있어 보여서 참으로 아쉽다.

　일례로 금번 참여자들로부터 리처치 해서 발표한 글로벌 위험 내용을 볼 때 리스크 내용이 모두 맞지만은 이 모든 리스크보다 가장 큰 리스크는 사람. 곧 모든 분야의 지도자라는 것을 먼저 확인하고 인정하고 성찰해야만이 오늘의 지구촌 위기 극복이 가능하다고 본다.

팬데믹 이후 인류존망에 대하여 도전을 받는 현시점에서 개최한 다보스포럼에서 '21세기 지도자에 대한 리스크'를 논했으면 좋았을 거라는 생각이 든다.

지구의 주인이라고 자부하는 우리 인간이, 새로운 행성에 삶의 터전을 만들겠다는 준비하는 우리가, 바이러스로 말미암아 장벽을 치고 팬데믹을 정치 권력 연장의 수단으로 활용하는 보호무역주의, 국수주의, 팽창주의인 뉴 파시즘이 확대되는 오늘의 세계 흐름에서 '지도자의 리스크'를 제기하고 대안을 모색하고 실천적 행동을 할 수 있는 세계 미래를 이끌어갈 집단 지성인들 모임이 필요하다고 본다.

인천!

어진 사람이 사는 인천에서

"인류의 행복 실현과 지구의 미래"를 논하고 실천하는 모임을 5차 산업혁명시대를 준비하는 유정복 인천광역시장께서 출발시켰으면 좋겠다.

2023. 1. 25.

나눔재단 의장 백석두

▌세계 정치·사회 지도자들이 깨달아야 한다.

매년 12월에 구입해서 한두 번 읽은 카이스트 미래전략 연구센터보고서다.

매년 보고서를 볼 때마다 미안하다.

25,000원 투자해서 전문 분야 석학들의 땀 흘린 연구내용을 너무 쉽게 취해서 항상 연구에 참여한 학자들께 죄송한 마음을 갖게 된다.

〈21세기를 좌우할 세븐테크〉

1. 팬더믹이 심화시킨 기술 전장, 첨단 바이오 기술
2. 변하지 않는 전략 자산, 소재·부품·장비기술
3. 초거대 인공지능을 구현할 AI 반도체 기술
4. 미래 융합 서비스의 핵심기술 6G 이동통신
5. 값싸고 오래가고 가벼운 충전시대를 이끌 차세대 이차전지
6. 지정학적 패권 경쟁을 넓혀갈 우주탐사 기술
7. 나노와 디지털을 넘어, 양자 정보기술

    카이스트가 제시한 대한민국의 100년 전략 7개 분야의 기술

나는 이것이 전부라고는 보지 않는다. 그러나 우리 대한민국이 선진 강국으로 가기 위해서는 오늘 우리나라의 정치. 사회 모든 지도자가 전문적 기술은 모른다고 하더라도 흐름의 개념을 이해해야 한다고 본다.

특히 국민에 의해서 선출된 대통령부터 기초단체장과 기초의원들까

지 책임과 소명의식을 가지고 시대변화를 읽어야 하고 모르면 학습해야 한다.

1990년대 지도자 역할과 2000년대 지도자, 2010년대 지도자, 2015년대 지도자, 2020년대와 오늘 2023년은 지도자 역할은 하늘과 땅 차이다.

이 시대 변화의 속도는 1초 단위로 변하고 있다.

이 거대한 변화의 물결을 시대를 이끌어가는 정치·사회 지도자들이 받아들이고 이해할 때 미래가 있다.

2023. 1. 30.

나눔재단 의장 백석두

▌윤상현 의원, 조경태 의원 두 분께 격한 응원의 박수를 보냅니다.

이번 국민의 힘 당 대표자 선거에 나는 윤상현 의원, 조경태 의원이 당선되기를 학수고대했다.

윤상현 의원의 덧셈 정치, 정당 민주주의 정치, 선진강국 대한민국의 만들어가고자 하는 비전,

조경태 의원의 비례대표제 폐지, 정당 국고보조금 폐지, 국회의원 불체포 특권 폐지 공약을 내세운 두 분의 큰 뜻이 비록 당원들에게 큰 지지를 끌어내지 못해서 금번 예선전에 탈락했지만 국민은 두 의원께 큰 기대를 걸고 있다.

두 분 의원께서 이번 당대표 선거에서 절대 패자가 아니라고 본다.

심기일전하여 대한민국의 선진정치를 선도하는 지도자로서 계속 정진하시기를 기원드린다.

윤상현, 조경태 의원님 수고하셨습니다.

더욱 진취적으로 활동하시기 부탁드립니다.

2023. 2. 10.

나눔재단 의장 백석두 배상

■ 세계 제일의 아름다운 항구가 될 수 있는 환경과 여건을 갖춘
인천항의 중심 월미산 정상에 서서

동해의 평화섬 독도

서해의 평화섬 월미도

나는 1986년부터 월미도를 한반도 황해의 평화에 섬이라고 불렀다. 오랫동안 월미도에서 청소년 평화의 축제를 진행했다.

2019년 12월 26일 하노이에서 베트남 응원폭 총리를 만나고 와서 31일 오후 5시 30분 월미산 정상에 올라가서 한 해를 마무리하며 하느님께 감사 기도를 드렸다.

서쪽 하늘을 보니 반짝반짝 2분 간격으로 인천공항에 끝없이 내리는 비행기 행렬을 보면서 우리의 국력과 인천공항의 위력을 실감하면서 2020년에 중국과 베트남 진출을 위한 부푼 꿈을 꾸었다.

2020년 1월 북경에 가기로 약속해서 항공편 예약하려고 하나 코로

나로 비행기가 뜨지 않는다고 한다.

2월 19일 답답하여 월미도 정상에 올라갔다.

서쪽 인천공항을 바라보니 2분 간격으로 내리던 비행기는 물론 철새 한 마리도 보이지 않는다.

적막감! 불안감!

"이것이 코비드이구나!" 등에 식은땀이 흐른다.

말로만 듣던 대 팬데믹 ^^^

팬데믹시대를 어떻게 극복해야 하느냐 앞이 캄캄해지기 시작했다.

그해 6월까지 팬데믹의 대안을 찾기 위해서 꽤 많은 책을 읽었다.

오늘 인천공항에 내리는 비행기가 예전 같지는 않지만 3분 간격으로 내린다. 기분이 좋다고 마음이 즐겁고 우리 인천지역에 서광이 비치고 사방을 내려다보니 인천이 너무 아름답다.

유정복 시장의 핵심공약인 초일류도시 인천 만들기 프로젝트 '제물포 르네상스'

'뉴 홍콩시티 원도심 균형발전을 통한 시민 행복 도시'가 눈앞에 그려진다.

유정복 시장께 권하고 싶다.

자주 월미산 정상에 가서 산과 바다와 하늘을 품고 시민과 함께

'인천의 꿈! 대한민국의 미래!'를 책임지고 대한민국을 선도해 가시라고 부탁드린다.

2023. 2. 19.

■ 만년의 숨결! 잠에서 깨어나다!

■ 인천의 꿈! 대한민국의 미래!

■ 1천만 도시 인천! 세계를 향해 비상하다!

인천! 천만 도시 시대를 열겠다고 선포한 유정복 인천광역시장!

수많은 지리학자가 세계에서 사람이 살기 좋은 입지조건을 갖춘 지역이 한반도 경기만 일대라고 한다.

황해도 배천(연백군)에서 아산-평택까지 경기만 지역이라고 한다.

그 중심에는 인천이 자리 잡고 있다.

또한, 강화 삼랑성(전등사 일대)은 단군왕검의 3아들이 첨성단 제천행사 준비하기 위해서 지었다는 설이 있고 수천 년 전부터 한민족의 뿌리 단군왕검(고대 한민족 황제 칭호)들이 강화도(혈구) 마리산 참성단에서 하늘에 제사를 지낸 중요한 곳이다.

높지는 않지만 인천지역에서 제일 높은 산이고 백두산과 한라산 중간지점에 있는 영산 마리산이다.

대한민국을 선도해야 할 책무가 있는 인천의 8기 민선 수장이 된 유정복 시장께서 당선되자 곧바로 행보가 세계 곳곳에 나가 있는 재외동포와 소통하며 세계 속에 인천을 알리고 750만 재외 동포를 인천의 홍보대사와 인천 명예시민의 역할을 부탁하며 750만 동포와 인천시민 300만이 혼연일체가 되어 천만의 인천 시대를 열어 '인천의 꿈 대한민국의 미래'를 성공적으로 실천하겠다는 적극적 활동에 인천시민으로서 격하게 응원한다.

꿈은 꾸는 자의 몫이고, 꿈을 꾸고 실천하면 반드시 이루어진다.

이제 우리 인천시민은 750만 재외 동포를 인천시민으로 모시는 작업을 해야겠다.

사돈네 팔촌까지 찾아서 인천을 홍보하고 인천인이 되어달라고 부탁하고 소통할 때 인천 천만 시대가 열린다.

재외동포청 인천유치 또한 인천인 모두가 힘을 모아야 한다.

대한민국의 미래를 위해서!

2023. 2. 21.

유럽한인회총연합회 명예고문 백석두

▋사람과 물이 하나 되는 세상

모든 생명의 근원 물!

▋부식억제장치, 수질개선, 배관수명 연장, 경제적 효과 탁월한

수돗물 성능 향상장치

'진행워터웨이 스케일버스터'

며칠 전 인천에 '유럽문화예술·관광복합타운' 조성과 해외동포청 인천유치를 지원하기 위해서 오신 유럽한인총연합회 유제헌(세계 한인총회 공동의장 겸 세계한인회 수석부회장) 회장과 잠시 짬을 내서 세계 제일의 수처리 기술이라고 자부하는 우리 회사와 공장을 방문하여 물의 중요성과 우리 회사 제품을 소개했다.

믿고 마실 수 있는 건강한 수돗물을 기존의 상수도 관리비용 2% 가지고 책임질 수 있는 친환경 진행워터의 기술은 한국·독일·영국의 3명의 대학생이 의기투합해서 1994년에 독일에서 개발한 독일 100대 발명품으로 선정된 기술제품이다.

2001년에 원천기술과 본사를 한국으로 옮겨와서 지구의 가장 소중한 자원 물관리와 인류의 행복을 위한 건강한 물 생산에 온 힘을 다하고 있다.

청와대부터 전국지자체 상수도관 등 30만 곳에 설치했다.

녹물·물때·스케일·세균·부식방지·누수 등을 아주 저렴한 비용으로 해결하고 있으며 이제 세계(65개국 특허등록. 환경신기술 조달 최우수제품)를 향해 가려고 한다.

2019년 인천 녹물 사태, 2020년 유충 문제로 수돗물 불신을 확산시켰다.

아이러니하게도 전국 30만 곳 설치한 우리 회사 스케일 버스터 실적에 대비해서 인천은 30곳밖에 설치하지 못했다.

금년에는 인천시정부에 본 기술을 홍보하여 믿고 마실 수 있는 건강한물과 예산 절감의 인천 상수도 정책 발전에 기여 하고자 한다.

독일 일본은 상수도 배관수명이 100년 이상인데 우리는 20년 전후 좌우해서 교체하고 우리나라 수돗물 음용이 4%에 비하여 선진국은 60%대 육박한다.

천문학적 예산을 투입하고 세계에서 최상의 원수를 가지고 있으면서도 허드렛물로 수돗물 사용하는 우리의 현실은 뭔가 잘못되어있다.

2023. 2. 23.

유럽한인회총연합회 명예고문 백석두

▌재외동포청 인천유치와 유럽 문화예술·관광 복합타운 건립 추진하기 위해 내한

　유럽한인총연합회 유제헌 회장과 적합한 부지 물색을 위해서 청라 북인천 복합화단지, 영종 미단시티, 하늘도시·용유도 왕산, 을왕해수욕장과 노을빛타운 지역을 답사하다가 용유도 c-27에서 김홍섭 전 중구청장을 만나서 용유도에 품격있는 유럽타운이 들어서면 좋겠다는 의견을 들었다.

　일주일 동안 함께하는 유 회장의 동포청이 인천으로 와야 한다는 당위성을 여러 관련 인사들에게 강조하고 또한 유럽과 세계의 문화 관광 레저의 복합타운을 조성하여 해외에서 오랜 기간 생활을 한 동포들이 각국의 콘텐츠를 가지고 들어와 명실상부한 인천 속에 세계를 만들어야 한다고 열정을 불태우는 유 회장한테 많은 영감을 얻고 있습니다.

　재외동포청 인천유치로 1천만 인천 시대를 열어야!

　대한민국의 미래가 더욱 크게 향상되리라고 생각합니다.

2023. 2. 26.

▌뉴 홍콩 시티

유정복 인천광역시장 핵심공약 무엇을 담을 것인가?

홍콩을 우리는 동아시아의 푸른 보석 에메랄드라고 부른다.

금융·쇼핑·무역·관광·세계 모든 나라 사람이 거주하고, 다양한 먹거리와 다양한 문화가 소통되는 대표적 도시 동양과 서양의 과거와 현재가 공존하는 역동적인 도시 홍콩이다.

그러나 시대의 변화와 함께 홍콩은 예전과 같이 역동적인 도시가 아니다. 동아시아 대표적인 도시기능이 쇠퇴하고 있다.

영국 통치령에서 중국으로 주권반환 26년이 지나면서 일국양제가 사라지고 있으며 50년 자치 보장이 깨지고 있다.

중국 본토인들의 홍콩 거주가 크게 늘어가고 있다. 반대로 세계 각 분야의 기업과 전문인력이 탈홍콩 러시가 퍼지고 있다.

영국·독일 중심으로 성장하여 세계금융을 지배하는 로스차일드가 금융과 전 세계 자본의 거래시장 세계 각국 명품쇼핑 판매 1위 시장 스위스에 본사를 둔 천문학적으로 거래되는 예술품 경매시장 바젤, 투자회사, 암호화폐, 증권, 핀테크, 가상자산 거래소 등 홍콩을 떠나거나 철수 준비를 하고 있다.

그들은 제3의 홍콩을 대처할 도시를 싱가포르. 동경을 선호하나 이제는 달라질 것이라고 본다.

유정복 시장의 뉴 홍콩시티!를 인천에 조성하겠다는 계획이 홍콩을 떠나려는 전 세계 다국적 기업뿐만 아니라 다양한 분야 전문가들이 관심을 두기 시작했다.

그들을 인천으로 유인하면 인천은 21세기 가장 역동적으로 발전하는 글로벌 도시가 될 것이다.

오늘 유 시장께서 홍콩을 탐방한다고 한다.

유 시장께 제안합니다.

뉴 홍콩시티는 기존의 홍콩을 롤모델만 해서는 안 된다고 말씀드린다. 홍콩의 향후 한 세기를 더 내다보면서 뉴 홍콩시티를 설계하고 건설하시기를 바란다.

어떻게 보면 홍콩은 19세기 말부터 20세기의 가장 흥성한 도시였지만 4차 산업혁명의 시대에 적응하고 새로운 시대를 이끌어 가기는 그 기능이 다 했다고 나는 생각한다.

고로 유 시장께서 왜 홍콩이 퇴쇄해가는지 정치적 환경으로만 보지 말고 홍콩의 기능이 이 시대에 맞지 않는 본질을 파악하셔서 홍콩을 떠나는 기업과 사람을 인천으로 유인하시면서 새로운 시대를 여는 소프트웨어 분야의 콘텐츠를 다각도로 생각하시고 비전을 제시하셔야 한다고 조언을 드리고 싶다.

뉴 홍콩시티! 가슴이 뛰고 인천의 성장되는 미래가 찬란하게 보인다.

2023. 3. 1.
백석두

▌재외동포청 인천유치
유럽 문화예술 · 관광 복합타운
천만 도시 인천 시대를

10일간 유럽한인총연합회 유제헌 회장과 바쁜 시간을 보냈다.

유정복 시장과 도성훈 교육감과 관련 공기업들 방문,

외교부, 동포재단 이사장

또한, 건설사 금융회사 설계 등 전문가들 면담과 현장답사 강행군하고 오늘 아침 출국한 유제헌 회장께 감사드린다.

세계한인회 수석부회장으로서 누구보다도 열정적으로 재외동포청은 인천에 있어야 한다고 앞장서서 주장하고 강조하는 유 회장께 인천시민으로서 감사드린다.

독일에 가서도 전 세계한인회장과 동포들에게 동포를 위한 동포청이 되기 위해서는 지리적 역사적 모든 여건이 충족되는 인천에 동포청이 건립되어야 한다고 홍보와 동포들의 뜻을 모아서 정부 관계부처에 건의 하겠다고 한다.

특히 오래전부터 많은 광역단체장을 만나보았지만 유정복 시장이 가장 적극적으로 동포들과 소통하며 동포들의 미래를 밝히는 소신을 보았기에 인천 재외동포청 유치를 발 벗고 나서겠다고 한다.

2023. 3. 2.

▌왜! 왜! 왜! 재외동포청은 인천에 있어야 하는가?

1. 수요자(해외동포 730만)들께서 원한다.
2. 유정복 시장께서 천만 도시 인천 시대를 열어 대한민국의 미래를 책임지겠다고 한다.
3. 120년 전 희망과 꿈을 안고 먼 이국땅을 향해 출발한 해외 개척의 역사가 살아있는 곳이다.
4. 대한민국 8도 사람이 인천에 모여서 산업화의 기적을 만들어 내고 지역감정 차별 없는 기회의 땅 인천이다.
5. 하늘길 바닷길 알파요 오메가이며, 동·서 문물의 교역과 국제 정치 외교와 문화예술 중심의 도시 인천이며,
6. 전 세계 지리학자 정치학자들이 사람이 가장 살기 좋은 지리적 생태환경의 요건을 갖춘 경기만 중심의 인천
7. 남북통일의 시대에 가장 핵심적인 소통과 교류의 요충지 인천
8. 21세기 도시 경쟁력 시대에 대한민국을 선도하고 선진강국으로 이끌 수 있는 역량을 지닌 유일한 도시 인천
9. 환태평양 시대와 동북아 시대에 세계인이 제일 선호하는 가장 역동적 거점 도시 인천
10. 시민과 하나되어서 사람이 행복하게 사는 초일류도시 5차 산업 혁명시대를 선도하는 비전을 지닌 유정복 시장과 인천시 공직자들의 역량

인천의 꿈! 실천하고자 뉴 홍콩시티·제물포 르네상스 설계를 끝내고 전력투구하는 유정복 인천광역시장이 있는 인천!

오늘 재외동포청 유치 시민운동 본부가 출발했다.

수많은 시민과 단체 회원들이 재외동포청 인천을 외쳤다.

이제 우리 인천시민은 재외동포청이 인천으로 오도록 최선을 다해야 하지만 그보다 더욱 중요한 것은 730만 해외 동포들이 인천시민이 되도록 해야 하고 그분들이 인천시민으로서 자긍심을 가질 때 진정한 천만 시대 인천을 만들 수 있고 인천의 꿈 대한민국의 미래가 완성된다고 본다.

가자 힘차게~ 천만 시대 인천!

2023. 3. 6.

나눔재단 의장 백석두

▌재외동포청 왜 인천인가?

재외동포청은 해외 거주하는 1세대만을 위한 동포청이 아니다.

2, 3세대를 비롯한 해외 거주하는 우리 후손들을 위한 동포청이 되어야한다.

그분들이 고국에 왔을 때 바로 접할 수 있는 곳에 동포청이 있어야한다.

또한, 우리나라의 발전상과 미래 가능성을 그분들이 직접 눈으로 보고 피부로 느껴서 대한민국인으로서 자부심과 긍지를 갖도록 해야한다.

대한민국의 산업화 출발이 인천이다. 전국 팔도 국민이 인천에 와서 웅지를 틀고 산업화 기적을 만들어냈다.

그리고 인류의 가장 소중한 가치 효의 도시 인천에서 효 사상을 재외동포 2세 3세들이 체험토록 해야 한다.

세계 제일의 문학작품 심청전, 우리 인천의 정신 효의 상징이다.

심청 효행상을 제정하여 수십 년 동안 실천하고 있는 가천길병원 이길녀 회장님,

세계 유일한 성산효대학원대학교를 설립해서 청소년 효 사상 교육 프로그램을 개발하여 실천하는 최성규 목사님,

우리 인천은 외적인 환경과 내적인 가치까지 갖춘 재외동포청이 있어야 할 최적의 도시다.

유정복 시장께서 선포한 '천만 시대 인천'은 단순하게 인천만을 위한

것이 아니다.

대한민국의 미래를 위해서 재외동포청은 인천과 함께 해야 한다.

2023. 3. 8.

나눔재단 의장 백석두

■ 우주에 지구와 유사한 형태의 행성은 대략 200해라고 한다.

200해 중 1천분의 1은 2,000경이다. 그중 생명체 존재 가능성은 2만분의 1의 약 1천조 개라고 한다.

생명체 가능성 기준은 물의 존재 여부다.

우리가 살고있는 지구에 물이 있다는 것은 하느님으로부터 받은 가장 소중한 축복이다.

세계 물의 날 전시회에 우리 회사 진행워터웨이 수처리기술을 출품했다.

물 산업 관련 다양한 제품·기술이 전시된 부스를 탐방했는데 우리 회사 부스에 가장 많이 사람들이 찾아와 건강한 수돗물 관리 시스템을 관심 있게 설명을 듣는 것을 보고 가슴 뿌듯했다.

상수도 100년 역사를 가진 우리는 선진국에서 100년 가까이 사용하는 배관을 20~30년마다 교체하고 매년 수십조 예산을 쓰고도 갈수록 수돗물 불신만 증폭되고 있는 현실이다.

그러다 보니 인체의 면역력을 저하시키고 암 등 질병을 유발시켜 건강에 해를 끼치는 미네랄이 전혀 없는 정수기 물을 대다수 국민이 사용하고 있다.

독일의 100대 발명품으로 선정된 우리 회사 친환경 수처리기술은 적은 예산으로 수도배관을 100년 이상 수명연장 하며 부식, 스케일, 물때, 세균문제를 해결하고 미네랄을 그대로 살리는 건강한 물로 수질 개선하는 세계 제일의 수처리기술이라고 자부한다.

지방자치단체 의원과 공무원, 많은 국민들의 방문을 지켜보며 이른 시일 내에 전국 상수도공급망과 공공 다중시설물에 적용시키고 모든 아파트 수도배관에 우리 스케일버스터를 설치하여 건강한 물을 마시고 100년 이상 사용하는 장수명 아파트가 될 수 있도록 해야겠다.

　　2023. 3. 24.

■ 누구보다도 국가 행정·정치·지방정부 운영의 경험이 풍부한
유 시장에게 바라는 기대가 크다.

☆☆ 국민 대통합과 국민 행복을 최우선시하는 유정복 시장이 되어
주시기를 부탁

☆☆ 인천을 철저히 사랑해야 하지만 인천을 뛰어넘어 나라와 국민
전체에 활력과 희망을 주는 시장이 되시기를(한화갑)

○○ 인천은 예로부터 찾아오는 모든 사람에게 잠자리 먹을거리 제
공했고 함께 삶의 터전을 일구는 인천의 정신이 있다.

유 시장께서 대한민국을 대표 할 수 있는 포용의 지도자가 되기를 바
란다.

○○ 베트남, 인도네시아, 말레이시아, 파키스탄, 방글라데시, 인도를
공략해야 한다.

유 시장께서 개척자로서 대한민국의 미래 명운을 걸고 아시아의 떠오르는 역동적 나라에 진출해야 한다(지용택).

해외동포청 유치와 '인천의 꿈! 대한민국의 미래'를 설명한 유정복 시장한테 새얼문화재단 지용택 이사장님과 한반도 평화재단 한화갑 총재님이 유 시장님께 하신 말씀,

목포 홍어를 한화갑 총재께서 가지고 오셔서 제가 인천·서울 인연 있는 몇 분들을 초청하여 인천과 대한민국을 위한 담론장에 바쁘신 일정에도 짬을 내서 참석하신 유정복 시장의 자신과 확신 그리고 진정성 있는 열정에 대하여 뉴욕에서 온 한인 기업가협회 이사장 등 모두가 인천의 꿈! 대한민국의 미래!라는 인식을 공유하고 희망을 나누는 시간이었다.

특히 많은 대화 끝에 지용택 이사장님의 말씀이 생생하다.

인천에서 국가의 큰 지도자가 될 생각을 하고 있던 사람이 두 사람 있었는데 송영길 전 의원이 인천을 떠나 서울로 갔기에 이제 우리 인천은 유정복 시장에게 기대를 걸고 나라의 큰 지도자가 되도록 자문하고 힘을 모아 주어야 한다고 강조하셨다.

곰곰이 되새겨보았더니 역시 엄청난 독서량과 사색을 통해서 축적된 내공을 지닌 원로 선배님 말씀은 대한민국의 미래를 생각하시면서 주신 말씀이었다.

2023. 3. 25.

■ 세계 국제결혼 여성 총연합회(약칭 월드킴와)는 한국이 모국인 여성들이 국제결혼하여 세계 각 나라에 진출하여 살고있는 자랑스러운 대한민국의 어머니들 조직

해외동포재단에 등록된 수많은 동포조직 중에서 가장 활발히 열성적으로 활동하는 정예회원 1만 명이 전 세계에서 한민족의 역량과 우월성 알리는 최고의 민간 외교관들이다.

한민족과 민족의 우수성을 다투는 유대민족은 아버지가 외국인이고 어머니가 유대인이면 100% 유대인 인정받고, 아버지가 유대인이고 어머니가 타민족이면 50%만 인정하는 유대인 세계다.

역사에 찬란한 민족은 모계사회이다. 어머니가 모유를 먹이면서 품 안에서 심어주는 민족정신·사상이야말로 그 뿌리의 깊이는 헤아릴 수 없기 때문이다.

파독 간호사 협회장 지내고, 현재 월드킴와 세계회장을 맡고있는 문정균 회장이 전 세계 각국 월드킴와 회장단 회의에서 만장일치로 해외동포청 인천유치 지지 선언을 했다.

최근 재외동포청재단에서 전혀 준비도 없이 객관성이 결여되고 사전 충분한 설명도 없이 일부 회원 단체장에게 알아서 조사해서 숫자만 보고해달라고 해서 언론플레이 하는 이해할 수 없는 행태에 해외 동포들의 원성이 날로 커지고 있다.

2023. 3. 28.

▌재외동포청 인천유치는

해외동포들의 편익과 대한민국 미래를 선도해 가야 할 책무가 있는 인천의 소명이다.

인천 1천만 시대를 열어 세계 제일의 글로벌 도시 인천을 만들겠다는 유정복 시장의 인천 꿈!이다.

인천인 모두가 나서야 한다.

시장 한 사람에게 맡겨둘 일이 아니다. 모두 나서서 재외동포청을 인천으로!

재외동포청은 재외동포들을 위한

"원스톱 민원서비스 제공"

을 위해서 현재 재외동포재단, 정부 각부처에 산재하여있는 정책·사업 등을 모두 이관해서 다루게 된다.

지정학적·역사적 접근성과 이동성·문화와 환경여건. 어느 모로 보나 인천만큼 동포들을 위한 여건을 갖춘 지역은 없다.

수요자의 바람을 중시여기는 중앙정부의 결단을 촉구합니다.

2023. 4. 5.

▌기술패권 시대

▌미 · 중 갈등의 틈바구니에서 우리는

▌지정학 시대에서 기정학 시대로

▌한국 신기술 얼마나 살아남는가?

▌정부 · 지자체 · 공기업 앞장서서 신기술 받아들여야 한다.

▌법령과 기존의 규정에 없기에 신기술이다. 기존의 법으로 신기술 규제하지 말아라.

미래권력의 기술패권 경쟁 시대가 시작되었다.

대한민국 기술선진국이 될 것인가?

과학기술의 식민지가 될 것인가?

인천광역시가 앞장서기를 바란다.

신기술 새로운 산업이 정착되도록 지원과 육성이 되도록 인천 전체가 개발과 창업의 도시로 만들기를 유정복 시장께 제안드린다.

2023. 4. 8.

■ 윤석열 대통령 퇴진 운동이 시작될까봐 두렵다

■ 국가와 국민을 위해서 윤석열 정부가 성공해야 한다.

■ 대통령과 대통령가족 친인척들이 정신 바짝 차려야 한다.

■ 윤핵관, 호소인, 대통령실

　진짜 정직하게 사심 없이 겸손하게 잘해야 한다.

■ 국힘지도부 내각 공정하게 국민에게 비전을 제시하고 포용의

　정치를 해야 한다.

■ 보수우파지도자들 윤석열 대통령 열성 지지자들은

　대통령 퇴진 소리가 나오지 않도록 쓴소리도 하면서 윤석열 정부 성공을 위해서 솔선수범해야 한다.

2018년 10월 25일에

'문재인 대통령 퇴진 및 국가수호' 320명 지식인 선언과 함께 준비위원회가 결성되어 문재인 좌파정권의 폭거에 맞서는 운동이 시작되었다.

적폐 청산이라는 미명 아래 정치보복과 모든 분야의 통제를 위한 문재인 정권의 서슬이 시퍼런 사정기관의 탄압에 모두 숨죽이고 있을 때 지식인 320명이 이름을 공개하고 일어났다. 문재인 정권과 싸우기 위해서 인천에서 아마 나 혼자서 참여한 것 같다.

지금도 그런 상황이라면 내 개인의 불이익을 감수하고라도 나는 참여할 것이다.

문재인 정권 퇴진을 그렇게 외쳤던 나는 국민 앞에 윤석열 정부가 문

재인 정부보다도 모든 면에서 월등히 잘해야 한다고 생각한다.

윤석열 정부가 문재인 정부보다 못하게 되면 나에게도 책임이 있고 문재인 대통령과 추종했던 세력에게 나는 석고대죄 해야 한다.

오늘의 대한민국의 모든 분야가 녹록치 않다.

국제정세와 세계 경제는 한 치 앞을 내다볼 수 없는 불투명시대다.

문제 해결의 답은 어디서 찾아야 하나?

공정과 상식이 통하고 토대가 되는 국정과 한국 사회 모든 분야에 경험과 경륜을 갖추고 진취적이고 국가관이 투철한 지혜를 지닌 인사들을 두루 모셔서 내각 공기업 모든 부분을 정상적으로 운영되도록 해야 한다.

대통령은 아마추어가 할 수 있어도 내각과 공기업 등은 아마추어가 할 수 없다.

윤석열 정부가 끝날 때까지 윤석열 대통령 퇴진 소리가 나와서는 안 된다.

그러기 위해서는 대통령이 변해야 한다.

5천만이 공정과 상식이 통하는 대한민국이라고 자신있게 말할 수 있도록.

2023. 4. 15.

인천 백석두

▌인천관광공사의 진취적 활동에 감명받았다.

4월 19일 유럽한인총연합회(유제현 회장)와 인천관광공사(백현 사장)가 인천 관광산업 발전을 위해서 상호 적극적으로 협력하기로 했다.

유럽한인회 소속 27개국 한인회는 인천과 인천관광공사 사업을 현지에서 홍보하고 마케팅을 협조하고 또한 공동 프로그램도 개발하여 진행키로 했다.

그동안 수없는 양해각서 협약식을 하거나 참여했는데 이번처럼 철저하게 세심하게 준비해서 진행하고 최상의 서비스와 진취적으로 업무를 추진하는 관광공사 사장과 임직원들 자세에 인천의 꿈 대한민국의 미래 희망을 보았다.

또한, 함께 참석한 이홍민 폴란드 한인회 총회장께도 감사드린다.

또한, 지난 3월에 제11회 유럽한인회 차세대 웅변대회를 폴란드에서 주관하여 훌륭히 진행했다.

2023. 4. 22.

유럽한인회 명예고문

백석두

▌인천교육청(도성훈 교육감)과 유럽한인총연합회(유제헌 회장) 상호협력 협약서 체결

▌유럽한인회 주최로 독일에서 개최되는 제3회 평화통일 청소년 캠프에 인천교육청 청소년들 참여키로 결정

▌도성훈 교육감 포스트 코로나 이후 교육프로그램 연구개발 및 실천

▌4차 산업혁명의 시대를 극복하고 미래를 책임질 지도자상을 창조 하고자 읽기·걷기·쓰기 중점 생활과 학습 활동 전개하는 도성훈 교육감

인천시민 한사람으로서 긍지와 자부심을 갖게 된다.

작년 8월경 유정복 인천광역시장께서 4년 만에 처음으로 갖게 된 4급 이상 인천시(공기업 포함) 확대 간부 회의에서 인천시 시정 방향과 가치와 비전을 밝히는 자리에서 첫 번째 말씀이 인천광역시가 4차 산업혁명의 시대에 대한민국을 선도하고 다가오는 5차 산업혁명시대를 준비

하여 세계 제일의 인천을 만들어야 한다고 강조했다.

세계 정치·지방정부 지도자 가운데 처음으로 양자역학 양자물리학 양자컴퓨팅 중심 기술의 5차 산업혁명시대를 준비해야 한다는 말을 첫 번째로 비전과 중요성을 밝힌 유정복 시장한테 인류의 행복과 지구촌의 미래를 나는 기대하고 있다.

어제 유럽한인회와 협약체결에서 도성훈 교육감께서 포스트 코로나 이후 시대를 우리 아이들이 흔들리지 않고 전인적인 인격인으로 성장하고 특히 4차 산업혁명의 최첨단 기술이 가져오는 역기능에 매몰되지 않고 한 사람도 낙오되지 않도록 스스로 책임인이 되어 미래를 자신 있게 받아들이도록 하기 위해서 다름을 인정하는 심성과 건강한 정신과 몸을 향상시키기 위해서 인천교육에 읽기·걷기·쓰기를 가장 중시 여긴다는 인사말에 감명을 받았다.

5차 산업혁명시대를 준비하고 창조적 행정혁신과 인천시민의 품격 향상과 전 공직자들의 역량배양을 확대 생산하는 유정복 시장

포스트 코로나 이후 시대를 자신 있게 살아갈 수 있는 우리 아이들의 창조·융합·심성 교육을 실천하는 도성훈 교육감

왠지! '인천의 꿈, 대한민국의 미래'가 찬란하게 피어오르고 시민이 행복한 인천광역시가 성공적으로 만들어진 것 같은 기분이 든다.

2023. 4. 23.
유럽한인총연합회 명예고문
백석두

☆☆ 재외동포청 인천유치 성공 ☆☆

▌인천과 인천시민 어떻게 변해야 하나?

• 미래를 준비하는 인천이 되어야 한다.

미래는 내일에 가서 만드는 그것이 아니다.

지난날 경험과 오늘의 문제를 가지고 해결하는 것이 아니다.

미래는 내일에 이루어질 상황을 오늘로 가지고 와서 준비하고 실천하는 것이다.

• 대한민국을 선진강국으로 이끌 수 있는 인천이 되어야 한다.

인천시민의 의식과 생활이 세계인에게 존중받는 품격인으로 향상되어야 한다.

교육·경제·문화·전반의 시정과 도시환경이 사람 우선 인천이 되어야 한다.

• 1천만 도시 인천을 성공하게 하려면 세계로 진출해야 한다.

글로벌 도시 국가 시대의 경쟁력은 인구 천만 도시의 역량이 있어야 한다.

인천 거주 시민 300만, 해외 거주 국민 750만(해외 인천시민)이 자랑스러운 인천인이 되어야 한다.

인류의 행복 실현을 위한 가치향상을 1천만 인천시민이 함께하는 행복한 초일류도시 인천으로 변해야 한다.

"나는 인천에 대한 희망을 가지고 있는 인천사람이다."

2014년 6대 민선 유정복 시장이 출발하면서 '인천의 꿈! 대한민국의 미래!'의 슬로건을 내세웠다. 많은 사람들이 단순하게 제시하는 슬로건으로 생각했으나 나는 시간을 두고 곱씹어 생각했다. 시민과 국가 그리고 지구촌을 향한 가치와 비전이 있다는 것을 알게 되었다.

어떤 시장들은 시정 강령과 방향이 임기 중에도 수시로 바뀌는데 8대 시장 취임 후에도 그대로 '인천의 꿈! 대한민국의 미래'다.

8대 시장 취임 후 4급 이상 확대 간부에서 첫 시정 방향에 대하여 시민이 행복한 초일류도시 인천을 만들고 소프트웨어로는 4차 산업혁명의 시대를 선도하고 5차 산업혁명시대를 준비하는 인천을 만들겠다는 유 시장의 발표 내용을 접하고 인천의 희망을 확신하게 되었다.

작년 11월 독일 프랑크푸르트에서 유럽 각국 한인회장과 동포들이 참석한 자리에서 재외동포청을 인천에 유치하여 여러분과 함께 1천만 도시 인천 시대를 열어 선진 대한민국을 만들겠다는 확신에 찬 의지를 보면서 찬란한 대한민국의 미래를 보았다.

인천시민으로 자부심을 갖고 전 세계를 다니면서 할 수 있는 일을 만들어 '인천의 꿈, 대한민국의 미래'의 대장정에 나도 참여해야겠다.

2023. 5. 8.

재외동포청 인천확정 소식을 듣고 백석두

☆☆ 재외동포청 인천유치 성공 ☆☆
▌ 가장 수고하신 분은 누군가?

♡ 첫 번째는 유정복 인천광역시장

유치전에 뛰어들어 동분서주하면서 모든 시정업무를 빈틈없이 처리하며 분초를 아끼면서 강행군하는 모습을 면 발치에서 조용히 지켜봤다.

이벤트식 또는 시장 임기 중 성과를 나타내기 위한 동포청 유치가 아닌 인천과 대한민국의 미래를 그리고 해외 750만 동포들의 자존과 긍지를 드높일 이상을 가지고 있었기에 유 시장의 유치 활동은 진정성과 열정이 듬뿍 표출되고 그 가치를 공유하고자 유럽 47개국의 유럽 한인회 총연합회가 제일 먼저 함께하였고 이어서 인천시민이 뒤받침했다.

♡ 두 번째 공로자는 인천시민이다. '시민이 행복한 초일류도시 인천'을 꿈꾸는 자랑스러운 인천시민들이 똘똘 뭉쳐서 재외동포청은 인천으로 외쳤다.

♡ 세 번째 나는 이분께 큰 공로의 상을 드리고 싶다.

유럽한인회 총연합회 유제헌 회장(세계한인회 수석부회장)이다.

유치전 시작과 진행 중 고비 고비 장애물이 생길 때마다 앞장서서 싸웠다. 야전군 사령관 역할을 정말 잘 해냈다.

유럽과 한국을 오가며 또한 전 세계한인회장들을 설득시키면서 막

대한 경비를 모두 개인이 부담해가면서 또한 서울과 타지방을 선호하는 해외동포와 외교부, 동포재단 임직원들의 비판과 질시를 받아가면서 끝까지 인천유치에 혼신의 힘을 다한 유제헌 회장께 인천시민으로서 감사의 큰상을 드리고 싶다.

유정복 시장님, 유제헌 회장님 감사합니다.

인천의 자존과 긍지를 세계에 펼칠 수 있는 토대를 만들어주셔서

2023. 5. 9.

유럽한인총연합회 명예고문

백석두 배상

▌1000만 도시 인천 출발

▌재외동포청 인천유치 어떤 의미가 있는가?

동포청유치를 제일 먼저 제안하고 앞장서서 뛰었던 유정복 시장은 동포청 유치는 단순히 중앙부처 하나가 온 것이 아닙니다.

오늘날 글로벌 도시국가 시대에 인천이 1천만 도시로서 출발입니다.

"세계에 1천만 이상 도시가 약 38개인데 세계 193개국에 거주하는 재외동포 750만이 인천시민으로 합류하여 1천만 도시국가의 대열에 인천이 참여하여 대한민국의 미래를 책임지고 천만 도시를 열어가는 원년"이라고 유 시장께서 선포했다.

동포청 유치 기쁨의 열기와 뜨거운 날씨에 땀을 흘리면서 유 시장의 확신에 찬 1천만 시대의 비전을 들으면서 문득 아! 이제 '인천의 꿈' 토대가 이루어졌다고 생각이 들었다.

인천 꿈의 나머지 완성해야 할 부분(제물포 르네상스, 뉴홍콩시티, 시민이 행복한 초일류도시 인천)은 인천시민과 인천 공직자들이 마무리 해야 할 책임이고,

천만 도시 인천이 해야 할 일은 대한민국의 미래를 성공적으로 만들어 가는 것이다. 고로 이제부터 유정복 시장은 대한민국의 미래에 대하여 매진할 것이라고 사료된다.

●인천을 세계에 마케이팅 해야 한다●

무엇으로 할 것인가?

'정직·배려·나눔' 보수의 가치로 할 것인가?

인격의 신용, 제품의 신용, 생활의 신용?

인류의 행복 실현을 위한 공생 공영 공존의 가치로?

양자시대 다름을 인정하고 함께하는 공동체 정신으로

인천의 인당수 심청의 효의 가치로 할 것인가?

우리 모두 고민해서 각자의 인천의 정신 인천의 가치를 정립해서 세계 곳곳에 계시는 750만 인천시민과 함께 세계 속에 인천을 만들어 대한민국의 미래를 책임져야 한다.

뜻있는 1천만 인천인들이 함께 고민하고 발전적 방향으로 실천과 행동 힘을 모아 함께하기를 기대합니다.

2023. 5. 17.

재외동포청 유치기념 행사장에서

백석두

■ 조카 결혼식에 참석하고서 우리 아이들 직업선택을 달리 생각했다.

■ 장래직업을 헤어 디자이너(미용사) 선택한다고 해서 내가 혼냈던
　조카

현재 내 아들·딸 포함해서 친조카가 20명이다. 20명 중 6명이 결혼
을 안했는데 일요일에 39살 조카가 신랑이 되었다.

얼굴이 반듯하고 성품이 올곧아서 정치를 시키고 싶은 조카여서 유
난히 관심을 가지고 기대를 걸고 있었다.

학교성적도 상위였다.

고 2때 미용가가 되겠다고 대학진학을 포기한다고 하여 집안이 난리
가 났다.

고집을 꺾지 못하고 조카는 결국 고등학교 졸업하자마자 미용실에
가서 온갖 잡일을 하면서 1년을 보내더니 일본으로 갔다.

3년 후 형수가 권이가 일본 미용그랑프리 대상을 받았다고 연락 왔
지만 축하해주지 않았다.

한국인으로는 처음이라고 한다. 다닌 미용 대학이 100년이 넘은 세
계 제일이라고 한다.

졸업 후 한국에 와서 청담동에 연구실을 열었다고 해도 무관심으로
지냈다.

결혼식장에 조카가 초대한 선후배 등 500여 명의 다양한 청년들을
보면서 인간관계를 참 잘했구나 칭찬해주고 싶었다.

또한, 나와 가족들이 반대한 직업을 본인이 좋아 선택해서 대단한 가

치를 창조해가는 조카를 보면서 다양성과 다름을 인정하는 내가 되어야겠다고 생각했다.

결혼은 참 좋은 것 같다.

나는 평소 TV를 거의 보지 않기 때문에 스타들을 잘 모른다.

조카 결혼식에서 이름을 모르는 연예인 스타들을 원없이 본 하루였다.

2023. 5. 22.

▮ 사) 미래 탄소 중립 포럼
'신재생에너지 활용 도시개발 탄소 중립 전략'

어제 미래탄소중립포럼 이승우 상임대표, 인천일보 박현수 사장께서 주최한 세미나에 다녀왔다.

3분의 주제발표에 8분이 토론자로 참여하여 3시간 동안 열띤 발표와 토론이 전개되었다.

발제 내용과 토론내용이 참 좋았다. 아쉬운 것은 짧은 토론 시간이었다. 오히려 지명 토론을 했다면 좀 더 깊이 있는 내용이 표출되었을 텐데…라는 생각이 든다.

주제와 시간의 한계로 탄소 중립의 본질적인 근본문제를 다루지 못한 점에 대하여 아쉬움이 있지만, 이승우 상임대표의 지속적으로 포럼에서 탄소 중립 문제해결을 위한 실천적 행동을 하겠다는 의지에 기대를 건다.

바램이 있다면 추후에는 환경공학·에너지공학·도시건설공학 측면에서 탄소문제를 접근하지 말고 '우주공학·지구공학' 차원에서 탄소 문제를 다루어주고 오늘날 상업적으로 확대되는 신재생에너지가 자칫 잘못하면 탄소 중립 해결에 만병통치인양 일반 사람들께 고취되고 있는데, 태양광 풍력 등이 가지고 있는 역기능, 향후 우리(지구)가, 치러야 할 대가를 이제는 상세히 분석해야 할 때라고 생각한다.

화력(무연탄)발전이 옛날에는 최고의 에너지원이었다. 지금의 역기능이 크다 보니 천문학적 돈이 투입된 것을 폐쇄해야 한다고 한다.

역기능을 보안을 유지하고 친환경적으로 대체할 방법과 근본문제 해결할 물질과 기술이 반드시 있을 텐데…

태양광의 모듈의 수명이 다하면 폐기물처리는 문제가 없는지 풍력은 투자비 대비 에너지 생산 효율성과 파동 전파가 지구 생태계에 미치는 문제는 없는지 특히 인천 앞바다 대규모 풍력이 에너지펀드 자금에 기초한 기업들의 상술에 의해서 추진되지는 않는지 포럼에서 적극적으로 연구해주면 좋겠다.

요술램프 거인이 가져다준 중동 석유 자본이 인류와 지구에 정상적으로 투자되고 활용되는지도 오늘에 관심거리다.

사우디 빈살만이 건설한다는 네옴시티가 1700조 이상 소요 될 것이다 소돔과 고모라가 되어서는 안 된다.

중동과 접한 아프리카 대륙이 급속도로 사막화가 되고 있다. 2045년이면 13억 인구가 40억이 된다고 한다. 인구증가율 세계 제일이다.

생태환경이 파괴되고, 식량, 식수가 고갈되면 탈아프리카 난민이 중동·유럽·대한민국으로 몰려들면 네옴시티는 소돔과 고모라가 되고 4차 전쟁으로 지구가 침몰하게 된다.

중동의 오일머니가 이제 아프리카 살리는데 투자해야 한다.

네옴시티 1700조 아프리카 투자해야 하고 대한민국의 불필요한 신재생에너지 투자비용 아프라카에 투자방안 심각하게 고민해야 한다.

탄소 중립 문제 나부터 우리 동네부터 문제해결 노력하고 실천해야 하지만 더욱 중요한 것은 지엽적인 차원보다 지구·우주적 차원에서 문제를 풀어가는데 인천 탄소 중립 포럼에서 앞장서주기를 바랍니다.

오랜만에 만난 발제자 박정환 국장님, 윤세형 소장님
토론자 이봉락 부의장님, 장명숙 처장님, 건승하옵소서.

2023. 5. 26.

백석두

▌ 인천의 꿈! 이 재외동포 750만과 함께 대한민국의 미래!가
   되겠습니다.
▌ 1000만 도시 인천프로젝트=대한민국 넘어서는 세계 초일류
   도시 인천
▌ 재외동포와 함께 다시 대한민국을 선진강국으로

유정복 인천광역시장께서 재외동포청 개청 기념식에서 1천만 인천
시대를 출발을 선포하고 대한민국의 국민과 193개국에 계시는 1천만
인천시민에게 제시한 실천적 비전이다.

싱그러운 초여름 6월의 햇살보다 더욱 빛나는 광채로 상기된 유정복
시장의 희망과 꿈이 듬뿍 담긴 얼굴을 바라보면서 '인천의 꿈! 대한민
국의 미래'가 그려진다.

일부 중앙부서의 집단 이기에서 출발한 조직적 반대와 여론몰이
로 수차례 인천이 아닌 서울로 동포청이 확정되었다는 기정사실화에

도 굴하지 않고 끝까지 최선을 다하여 정공법으로 재외동포와 대통령·당·관련부처를 설득해서 인천의 1천만 시대를 출발시킨 유정복 시장이 120년 전 첫 이민을 하였던 인천에서 대한민국의 새로운 시대를 열었다고 본다.

시민 한 사람으로서 세계에 우뚝 서는 인천을 출발시킨 유정복 시장께 격한 감사의 박수를 보냅니다.

또한, 재외동포들을 한마음으로 인천을 지지하도록 애쓰신 유제헌 유럽한인총연합회 회장(세계한인회 수석부회장)께도 진심으로 감사드립니다.

6월 5일은 대한민국의 미래를 향해 힘차게 정진하는 날입니다.

1천만 인천시민이 품격있는 세계 제일의 초일류도시로 인천을 향상하기 위해서 다짐한 날입니다.

2023. 6. 7.

유럽한인총연합회 명예고문 백석두

▮한·중관계가 심각하게 경직되고 있다.

▮'인천의 꿈! 대한민국의 미래'는 중국몽과 어떤 역학 관계인가?

▮미국·일본·중국·러시아를 컨트롤 할 수 있는 한국의 지도자는?

▮황해로 넘어가는 태양을 딸과 함께 보면서

　중국! 그들은 우리와 어떤 관계인가? 어떻게 상생의 길을?

▮사랑하는 딸이 바라보는 서쪽 일몰은 무슨 의미가 있을까?

　딸이 중국을 뛰어 넘어 세계로 가기를 희망하며

6월 6일 현충일에 명동 주한중국대사관에서 싱하이밍 대사와 장시간 이야기를 나누었다.

싱 대사가 오늘날 국제사회의 보호무역주의, 공급망, 칩4 등으로 자국의 이익만 추구하는 기술패권시대가 도래되지 않나 걱정을 한다.

다자무역을 존중하는 중국 입장에서 시장논리에 맡겨서 각 나라가 각국 인민이 풍요롭게 사는 삶을 위해서 선의의 경쟁을 해야 하는데,

오늘날 국제정세에 대하여 우려를 말하면서 특히 한국에서 반중감정, 중국에서 반한감정이 확대되는 것을 걱정이 된다고 말했다.

"나는 한 · 중 간에 외교의 우선은 경제 · 외교 · 문화예술외교, 과학기술외교, 교육 및 청소년교류외교를 최우선시하고 국방 · 안보 · 영토 · 외교 문제는 최소화해서 상대국을 존중하는 외교관계가 되어야 한다"고 말했더니 싱 대사가 본인이 추구하는 외교 노선과 완전 일치된다고 공감을 표시했다.

6월 8일 이재명 민주당 대표와 만남에서 싱 대사의 발언으로 한 · 중 관계가 한치 앞을 내다볼 수 없을 정도로 갈등이 심화되고 있다.

나의 오랜 친구 싱하이밍 대사가 우리 대한민국 모든 국민의 공공의 적이 된 것 같아서 마음이 무겁다.

체격과 얼굴이 크기에 한국말이 유창해도 한국말로 말하면 감정 표현과 영상을 통해 전달되는 것이 자연스럽지 못하다.

특히 이번에 대화하면서 사전에 준비된 원고를 꺼내서 읽는 것을 보고 싱 대사가 평소 가지고 있는 친 한국적 생각과 행동에 괴리가 있는 것을 오랜 기간 싱 대사를 알고 있는 나는 파악할 수 있었다.

주한중국 특명전권대사로서 자율적 권한도 있지만 거의 모든 부분은 본국의 지침을 받아서 움직이는 외교관들의 고충도 생각해서 중앙정부와 달리 우리 국민들과 지방정부는 실익을 추구하는 발전적 한 · 중 관계를 지속적으로 해야 한다고 본다.

얼마 전 싱 대사가 한 · 중수교 첫출발 때 대사관 간판을 본국에서 가져온 사람이 자기라고 한다.

30년 기간중 20년 가까이 한국에서 생활한 사람으로서 누구보다도 한국을 사랑하고 한·중관계가 더욱 진취적으로 발전되기를 바라고 있고 또 그렇게 활동하고 있다고 말하면서 걱정하는 나에게 윤석열 대통령님 잘 모시고 양국 발전을 위해서 열심히 할 테니 걱정하지 말라고 오히려 나를 격려했다.

인천의 꿈!이 중국몽!과 서로 존중하고 상호 협력하여 동북아 르네상스 시기가 곧 올 거라고 나는 생각한다.

1천만 시대를 출발시킨 '인천의 꿈!'이 이제 중국·미국·러시아·일본을 품고 지구촌의 평화와 인류의 행복 실현을 위한 큰 틀을 인천에서 만들어야 한다.

최첨단 과학기술이 누구를 위해서 발전되는가?

국가·기업·전체주의자?

아니다. 사람을 위해서, 지구를 위해서다.

지정학 시대에서 기정학적 시대로 변화되는 시점에 나는 대한민국의 미래를 본다.

인천 유정복 시장의 비전 양자역학, 양자물리학, 양자컴퓨팅, 양자가 가져오는 '다름을 인정하는' 양자 경제 인천 시대의 인천의 꿈과 중국몽이 협력하여 찬란한 21세기를 꽃피우기를 기대해 본다.

지구촌 평화의 시대를 동북아에서 효와 평화 자유의 가치가 살아 숨 쉬는 인천에서

2023. 6. 20.

인류의 행복 실현을 위하여 백석두

■ 한·미동맹 제70주년 기념 《한·미동맹과 한반도 안보관련
　컨퍼런스》
■ 낙동강 최보루였던 창녕 박진전투 및 양평 지평리전투의
　전략적 의미
■ 한국의 군사학계의 대표적인 연구가 자랑스러운 인천인 장순휘
　박사의 발제
■ 한·미친선군민협의회 창설하여 40년 넘게 이끌어 오시는
　박정기 회장

　6월 23일 9시부터 14시까지 조선호텔 세미나 룸에 나라와 자유를
사랑하고 자유민주의의 숭고한 가치를 지키려는 열정이 가득한 예비역
장성 군사학전문가 200여분과 육사 등 생도와 미 제2사단 테일러 사단
장과 지휘관 등 50여명이 진지한 질의와 토론이 이어졌다.

　평소 존경하고 신뢰하는 인천에서 역사가 가장 오래된 창영초등학
교 총동창회 회장인 육사출신 장순휘 박사가 한·미 동맹 70주년기념
《한·미동맹과 한반도 안보관련 컨퍼런스》 발제를 한다고 하여 참석하
였다.

　다수의 대장, 국방대 총장 등 수많은 예비역 별들과 미 2사단장 등
현역 별들, 미래의 별들인 육사 등 생도들의 진지하고 열띤 질의와 토
론의 모습을 보고 가슴 뿌듯한 시간을 보냈다.

　참석하신 모든 분을 통해서 자유민주주의 가치를 지키려는 진취적
열정을 확인하면서 평화를 얻고 평화를 유지하기 위해서 국가 안보의

중요성을 깨닫는 시간이었다.

　세계 군사 작전 중 노르망디 상륙작전보다 모든 면에서 그 의미가 큰 '인천상륙대첩'을 전 세계에 알리고 인천의 자랑스러운 역사로 만들기 위해서 애쓰고 있는 장순휘 박사의 역량과 능력이 우리 인천을 위해서 마음껏 발휘되기를 기대해 본다.

　유정복 시장이 2023년부터 인천상륙작전 승리를 세계적 축제로 승화시켜 전 국민과 세계인의 평화의 광장이 되도록 하겠다는 큰 뜻을 함께하기 위해서 인천시민과 각계지도자 전문가 그룹과 준비를 하고 있는 장순휘 박사의 '인천상륙대첩'이 사실에 입각해서 진행되기를 기원합니다.

　2023. 6. 25.

■《한·중·일 3국 지방정부 지사 성장 회의》 인천 개최를 환영하며

■ 유정복 인천광역시 시장의《한·중·일 3국 지방정부 지사 성장 회의》 개최 제안을 적극 지지합니다.

■ 환 황해권 경제시스템 구축과 동아시아 국가 간 관계 개선을 위한 지방정부·중심도시 역할을 주장한 유정복 시장의 인류 공동체 미래비전을 적극 환영합니다.

6월 27일부터 30일까지 중국 톈진 직할시에서 세계 경제 리더포럼인 하계 다보스포럼이 개최되었다.

1500명의 세계 정치·경제·과학기술 등 여러 분야의 지도자들이 모여 '환경 친화도시 성장'이라는 주제로 지구촌의 미래를 위한 발표와 열띤 토론을 했다.

우리나라에서는 광역단체장으로 유일하게 유정복 시장이 초청받아서 한·중 정치외교가 경직되고 악화된 시점에서 한·중 민간외교 가교역할 및 민간경제의 활성화를 위한 큰 활동을 전개했다.

특히 세계에서 참석한 수천 명의 지도자들에게 '인천의 꿈! 대한민국의 미래' 비전을 설명하고, 선진 대한민국에 대한 청사진을 실제적으로 이해하도록 참석자들에게 설명하여 큰 공감대를 형성했다.

또한 환태평양 시대에 세계평화와 번영을 위해서 한·중·일 3국과 동아시아의 중요성을 역설하며《한·중·일 3국 지방정부 지사 성장 회의》를 제안했다.

21세기는 글로벌 도시국가시대다.

지방자치 제도가 전 세계적으로 정착되는 이 시대에 지방정부의 역할이 지구촌 공동체의 미래를 좌우하는 분권화 시대다.

유정복 시장은 오늘날 국가 간에 긴장을 해소하기 위해서 지방정부가 경제·문화·인적 교류를 적극적으로 하자고 주장하며, 선도적으로 한·중·일 3국 지사 성장들이 머리를 맞대고 환 황해권 경제시스템을 구축하고 세계 항구적 평화에 기여하자고 《한·중·일 3국 지방정부 지사 성장 회의》를 제안했다.

동아시아 미래가 밝아 온다.

인류의 행복실현을 위한 3국의 지사 성장회의가 되기를 기대한다.

일찍이 세계적 석학 아놀드 토인비 박사가 21세기 세계가 하나되는 날이 온다면 세계의 중심지는 동북아 지역일 것이라고 믿는다고 하면서 그 핵심 사상과 정신은 한국의 '홍익인간 이념'과 '효의 정신 가치'라고 했다.

대한민국을 '아시아 평화중심 창조국가'로 만들기 위해 수많은 학자들이 고민하고 연구하고 땀 흘려서 9번째 보고서를 만들어낸 카이스트 미래전략 연구센터가 지향하는 한국의 선비정신 ^^

대한민국에 선비들이 있기에 나는 금번 다보스포럼에서 유정복 시장이 제안하고 연설과 발언한 여러 내용을 종합해 볼 때 '1천만도시 인천시대'를 열면서 대한민국이 "세계의 미래와 다가오는 5차 산업혁명 시대의 새로운 문명"을 선도하겠는 의지를 세계 1500명의 중요한 지도자들에게 선포했다고 본다.

평화 사상과 효의 정신을 중시 여기는 1천만 인천시민이 유정복 시

장과 함께하여 동아시아 미래와 지구촌의 번영과 인류의 행복을 위해
서 정진하기를 간절히 소원한다.

2023. 7. 2.

세계행복나눔재단 의장 백석두

▌백선엽 하늘의 별이 되어

▌낙동강 다부동 전투가 자유 대한민국을 지키다.

▌전 미군과 자유세계 군인들이 최고의 존경을 표하는 장군

▌5천년 역사에서 나라와 민족을 구한 인물로 이순신 장군과
　백선엽 장군이라고 말하는 이정린 장군

7월 10일이면 하느님을 위해서 나라를 위해서 자유민주주의를 위해
서 100년을 살다가 가신 백선엽 장군의 3주기가 되는 날이다.

얼마 전 채수정(채학철) 선생께서 쓰신 백 장군의 일대기 『하늘의 별이
되어』를 읽고 있는 중이다.

오래전 청년시절 경주시 안강 자옥산 아래에 한국의 우리 백가들의
시조 할아버지가 만들고 기거하셨던 서원에서 매년 전국 백가 후손 청
소년들에게 5일 동안 수련회를 하는데 나도 참석한 적이 있다.

이때 접했던 백선엽 백씨화수회 회장님은 어린 백가 후손 청소년들
에게는 아주 다정다감한 아저씨요, 할아버지였다.

수년 전 신문기사에 미 육군 사관생도부터 미국의 최고위 장성들까
지 백선엽 장군을 군인으로서 최고의 존경심을 가지고 있다는 글을 보
았다.

이번 『하늘의 별이 되어』라는 책을 읽다보니까 많은 국민과 청소년
들이 필독을 했으면 하는 바램이다.

원래는 우리 백가들은 무인도 있지만 문인이 많다.

특히 남자들은 유하고 부드럽고 문인 기질이지만, 백가 여성들은 대
단히 생활력이 강하고 오히려 무인 기질이 뛰어나기 때문에 백가 여성
을 며느리로 맞이한 집안은 거의 크게 번성하였다.

백선엽 장군이 군인으로서 민족의 영웅이 된 것은 외조부와 어머니 방효열 여사님의 무인기질이 더해졌기 때문으로 생각된다.

백가의 한국 시조할아버지는 백우경 할아버지이지만 원래는 중국건국의 시조 헌원황제라고 한다.

우경 할아버지는 헌원황제 16대손 백을병 후손으로 당나라 때 모함을 받아 중국예향의 고장 소주에서 신라로 왔다.

우경 할아버지의 사촌이 중국 3대시성의 한사람 백거이(낙천) 할아버지다.

나에게는 32대 윗대이시다.

'장한가'·'매탄홍' 등 대단한 작품과 중국 역사상 가장 많은 작품을 남기셨다.

우경 할아버지가 신라에 귀화하셔서 신라의 행정·교육에 큰 업적과 활동을 하셨던 내용들이 현재 박물관에 일부 보관중이다.

백가들의 정신은 모든 사람이 사람답게 행복하게 살아가는 세상을 추구하는 것이다.

백선엽 장군께서 백가들의 표본이 되어 준신 것을 백가 후손으로서 참으로 감사하고 100년 동안 하나님과 나라를 위해 걸었던 여정을 본받아야겠다고 다짐해 본다.

2023. 7. 8.

한반도평화재단 부총재 백석두

▌한반도 시작! 꿈을 실천하는 사람들의 출발지

▌내 고향 땅 끝에 서서 희망을 쏘아 올린다.

'인천의 꿈! 대한민국의 미래'를 위해서

한반도의 시작 해남 땅 끝에서

한라에서 백두까지 그리고 온 누리 인류의 행복을 기원하며

현산면 구시리 부모님 산소와

마산면 은적사 선영을 둘러보고

땅 끝 전망대와 천년고찰 대흥사가 있는 두륜산 정상 아래에 있는 진불암과 관음암을 들려서 화산면 해창 양조장을 다녀왔다.

늘 그랬듯이 새로운 출발과 새로움을 시작하려고 할 때 나는 고향과 선산을 찾았다.

이제 본격적으로 '인천의 꿈! 대한민국의 미래'를 위해서 8월부터는 더욱 정진해야겠다.

2023. 7. 31.

- **만델라 처럼 크게 포용하고**
- **국민이 행복한 국민통합시대를**
- **14년 동안 폐암수술한 부인 수간호사 하고 있는 순애보**
- **김대중·박근혜 두 분 대통령 비서실장을 하신 한광옥**
- **자유대한민국을 수호한 '낙동강 다부동전투 백선엽'**
  '인천상륙대첩 맥아더'
  대한민국의 내일을 책임질 '인천의 꿈 유정복' 유 맥아더

14년 전 8월 18일 김대중 대통령 서거하신 날, 새천년국민회의 한광옥 대표님의 평생 반려자요, 민주화운동 동지였던 정영자 여사님이 폐암 수술을 받으셨다.

그때부터 오늘까지 한광옥 실장님은 수간호사로서 부인 정영자 여사님을 지극정성으로 간호와 보살핌은 이미 오래전부터 우리 한국에 순애보로서 널리 알려져 있다.

최근까지도 병원에 계시다가 퇴원하여 바다 바람을 쐬고 싶다고 하셔서 인천에 와서 1박을 하고 가셨다.

소풍가는 소녀처럼 마음이 들떠있다고 한 실장님이 귀띔한다. 꽤 오랜만에 외부 출타라고 한다.

날씨가 너무 더워서 바닷가 산책을 못한 것이 아쉽지만, 인천 나들이가 너무 좋고 그 어느 때보다 컨디션이 좋다고 하여 인천은 모든 사람을 행복하게 해주는 시민이 행복한 세계 제일의 초일류도시라고 자랑했다.

둘째 날 차이나타운에서 여사님께서 식사를 내시겠다고 하여 중식당에서 오찬을 하였다.

금번 한광옥 실장과 많은 대화 가운데 나라와 윤석열 대통령을 걱정하며 대통령께서 만델라처럼 크게 포용하고 어미닭이 병아리를 품듯이 국민을 품어야 한다고 강조하신다.

또한 대통령께서는 어떤 일을 결정할 때 국민입장에서 고민했던 3김의 정치를 본받았으면 좋겠다고 하시며, 윤석열 대통령이 성공한 대통령으로서 역사에 기록되고 오늘의 한국사회의 모든 부분의 고질적 병폐를 인내와 포용으로서 풀어나가는 대통령이 되기를 바란다며 또한 그렇게 할 것이라고 윤 대통령을 믿는다고 의견을 피력했다.

보수 진보 정권교체가 10년 주기로 이루어지다가 지난번은 5년 만에 교체된 것은 문재인 정권에 분노한 국민의 항민·원민이 윤석열 대통령을 탄생시켰기에 이제 대 국민통합과 국민행복을 위한 국가운영을 강조하시며, 천시보다 지리가 중요하고 지리보다 인화가 중요하기 때

문에 국민행복을 위한 인화를 위한 통합의 정치를 모든 정치인들이 실천했으며 좋겠다는 말씀을 하셨다.

최근에 6·25전쟁 시 나라의 막지막 보루 낙동강 다부동 전투에서 조국을 지킨 백선엽 장군의 동상을 세운 것은 국가적으로 대단히 큰 의미가 있고 전 국민이 함께해야 할 호국의 정신이 깃든 사업이고 이에 못지 않은 인천상륙작전도 자유민주주의를 수호한 역사적 사실이기 때문에 유정복 시장께서 세계적인 역사의 교훈이 되도록 기념사업을 했으면 좋겠다는 의견을 개진하면서 유 시장께 의견 전달해주기를 부탁하신다.

14년 동안을 공적 업무외 시간은 암투병하는 부인의 수간호사 임무를 성실하게 수행하시는 한광옥 실장님의 생활과 국가관 정치철학에 많은 배움을 얻게 되고 특히 대한민국에 이승만·박정희·김대중을 뛰어넘는 대통령이 필요한 시대라고 강조한 말씀에 대한민국의 미래는 밝다고 생각하게 된다.

2023. 8. 5.

인천인 백석두

▌ 나라꽃 무궁화

태풍과 폭우에 농장 피해가 없는지 토요일 오전에 둘러보러 갔다.

최근 몇 년 동안 아내에게 농장관리를 맡겨두고 등한시했더니 온통 풀과 나무들이 뒤엉켜 있다.

10년 전 심었던 내가 좋아하는 무궁화(백단심)가 나를 반긴다.

영원히 피고 또 피어서 지지 않는 꽃이라고 해서 무궁화라고 한다.

우리 한민족의 정신과 가치를 품고 있는 나라꽃 무궁화를 보니 마음이 편해지고 8월 한 달만이라도 국가와 민족을 생각하는 시간을 가져야겠다.

중국에서는 우리나라를 예부터 무궁화가 피는 군자의 나라라고 칭송했다.

우리의 고유한 무궁화는 크게 배달계·단심계·아사달계로 나누는데, 최근에 정체 없는 외래종 무궁화가 가끔 눈에 띄는데, 우리의 고유한 무궁화와는 색상과 꽃잎과 그 아름다움은 비교가 되지 않는다.

관련 있는 전문가들이 나라꽃 무궁화를 온 국민이 바로 알고 사랑하고 아끼면서, 우리 무궁화의 고결한 가치를 보존하도록 애써주시면 좋겠다.

무궁화 삼천리 금수강산 피고 또 피고 영원히 피는 '희망에 꽃, 무궁화, 아름다운 꿈을 이루는 꽃' 무궁화~

2023. 8. 12.

생태농원에서 대한무궁화중앙회 부총재 백석두

▌한·중수교 31년
▌꽌시를 중요시하는 중국 지도층
▌한·중수교 산증인 싱하이밍 주한중국대사
▌인천의 꿈!은 G3~! 대한민국을 만드는 것이다.

올해가 한중수교 31년이 되는 해다. 31살이면 이제는 성숙된 입장에서 더 크게 비상해야 할 시기다.

며칠 전 싱하이밍 대사 초청으로 아내와 함께 성북동 대사관저에서 만찬을 했다.

1992년에 주한중국대사관 외교관 싱 대사를 처음 만났다.

자주 만나지는 않았지만 한·중문화교류 등으로 가끔 만나게 된다.

주한중국대사관 개청시에 중국에서 대사관 간판을 가지고 온 사람이 싱 대사다.

31년 전 본인이 가지고 온 대사관 간판을 달았는데, 이제는 그 집에 책임자가 되었기에 더욱 책임이 무겁다고 싱 대사가 옛날을 회고하며 아직도 늘 초심을 유지하려고 한다고 말한다.

30년 해외 외교관 생활에 20년을 한국에서 보냈기에 누구보다도 한·중관계 발전과 양국 국민의 행복을 위한 상호협력이 잘되기를 바라고 가장 한국을 사랑하고 있다고 한다.

10여 년 전 세계경제력이 80% 이상이 유럽과 미주에 치중되었지만, 지금은 미주 30%, 유럽 30%, 한·중·일 30%로 동북아시아 경제권이 날로 커지고 있다.

싱 대사는 아직도 중국은 빈부격차가 심하고 중국 정부는 못사는 50% 국민을 위해서 노력하고 있다.

중국이 잘 살아야 한국과 일본의 경제가 더 좋아지고 한국과 일본이 잘 살아야 중국경제가 좋아진다. 지리적으로 이웃이 잘 살아야 직접적 협력과 상호 도움이 되기 때문이다.

중국은 다자무역과 특히 동북아시아 중·한·일 관계를 중히 여긴다며 3국이 더욱 절실히 경제 문화 과학 교육교류를 활발히 해야 할 때라고 강조한다.

나는 싱 대사에게 현재 경직된 한·중관계 특히 양국에서 반중·반한 감정이 확대되는 수교 이후 위기를 맞이하고 있지만, 지난 30년을 반

면교사 삼아서 앞으로 30년을 새롭게 설계하여 위기를 기회로 만들자고 하면서 그 중심 역할을 싱 대사가 하시고 인천광역시와 중국과 관계를 폭넓게 해달라고 부탁했다.

특히 인천 유정복 시장이 지난번 천진 다보스포럼에서 '한·중·일 성장 지사회의'를 제안했는데 유 시장이 생각하는 21세기를 한·중·일 3국이 하나 되어서 꽃피워야 한다는 큰 생각을 함께 공유해달라고 싱 대사에게 말했다.

나는 아시아에서 G2 중국에 이어서 대한민국이 G3로 발돋움하는 것이 '인천의 꿈! 대한민국의 미래'이고, 한·중의 신뢰와 전면적 협력이 양국에 크게 도움이 되고 인류 행복실현의 큰 징검다리가 되리라 생각한다.

신뢰가 쌓이면 믿고 지속하는 관계 문화 중국의 인간관계를 나는 존중한다.

아내와 함께 모처럼 중국의 좋은 음식과 중국 명주에 뜻있는 시간을 보냈다.

2023. 8. 23.

▎K=G3

▎위대한 대한민국

▎'인천의 꿈! 대한민국의 미래'

▎유정복 시장의 비전

　시민이 행복한 세계 초일류도시 인천

　세계 10대 도시 인천

　4차 산업혁명의 선도도시, 스마트시티 인천

　2014년 9월 11일 유정복 인천광역시장께서 제6기 시정 비전을 인천의 꿈 대한민국의 미래라고 발표했다. 나는 가슴이 벅차오르고 우리나라의 희망찬 내일이 눈 앞에 펼쳐지는 현상을 그리며 기쁨을 만끽했다.

　철학과 이념 가치 그리고 실천적 목표가 확실하게 정리되지 않지만 내가 꿈꾸던 인천, 대한민국 그리고 인류의 행복실현을 위한 정신과 가치가 내재하였다고 보기에 유정복 시장께서 설정한 '인천의 꿈! 대한민국의 미래' 비전에 대하여 큰소리로 수없이 외쳤다.

　8기 시장이 당선되고 다시 유정복 시장의 비전은 '인천의 꿈! 대한민국의 미래'다.

　나는 그동안 유 시장이 추구하는 비전에 대하여 충분히 이해하고 안다고 자부해 왔으나, 시간이 갈수록 유 시장의 꿈의 종착역이 어디인지 다시 궁금해지고, 한편으로는 무언가 5%가 늘 부족함을 느꼈다.

　최근에 우리나라와 국제관계에 있어서 중요한 나라의 고위 외교관과 긴 시간 만찬을 하는 자리에서 유정복 시장은 우리나라가 크게 도약할 기회가 몇 번 있었는데, 그 기회를 살리지 못해 아쉽다.

첫 번째 고려 시대에 세계 최초로 금속활자 인쇄술을 만들고도 이를 문화·경제 과학기술로 성장시키는 기회를 만들지 못하고, 얼마 전 인천에 세계문자 박물관을 개관했지만,

두 번째는 세종대왕이 기획해서 만든 과학적 문자 세계 제일의 문자 한글을 만들었는데 후대들이 나라 부흥으로 살리지 못했다.

세 번째는 21세기 들어서면서 IT 강국이 되고 다양한 분야의 K-콘텐츠를 만들어내고 있지만 오랜 기간 선진국 문턱에서 정체되어 있고 국가경쟁력이 뒤떨어지고 있는 현실을 부인하지 않는다.

지금은 초연결·초지능·초융복합의 4차 산업혁명의 시대다.

이 시대를 선도하고 이끌어갈 집단지성과 중심도시가 있어야 하는데, 우리 인천이 그 역할을 하고자 한다.

시민이 행복한 초일류도시와 세계 10대 도시 인천을 만들게 되면 이것이 토대가 되어 대한민국이 G3로 발돋움할 거라고 생각한다.

나는 유정복 시장의 이야기를 듣고 오랜 기간 나의 궁금증이 풀렸다.

유정복 시장이 꿈꾸는 G3

인천의 꿈은 G3

대한민국의 미래는 G3

300만 인천 시민

750만 재외동포

5000만 대한민국 국민의 꿈인

G3를 향하여 모두 함께 정진합시다!

'인천의 꿈! 대한민국의 미래'를 위하여~

인류의 행복실현을 위해서~

2023. 9. 5.

인천청소년단체협의회소속 단체장과 유정복 시장과의 간담회

- ▌유정복 인천광역시장의 꿈과 약속의 실천
- ▌자유와 평화의 가치를 지킨 숭고한 인천상륙작전(인천대첩)
- ▌국제 평화 컨퍼런스 「인천상륙작전과 글로벌 인천의 미래」

2023년 9월 8일 09:30 제2의 인천상륙작전을 시작하고 알리는 "자유와 평화 국제컨퍼런스 기조연설"을 유정복 인천시장께서 했다.

「자유와 평화의 도시 인천 선언」 세계평화 도시 인천이 '인류의 보편적 가치 자유와 평화'를 인천시민 300만과 재외동포 750만이 함께하여 지구촌에 널리 확대하자고, 제2의 인천상륙작전을 출발시킨 유정복 시장께 시민 한 사람으로서 무한한 응원의 박수를 보냅니다.

오전 9시 30분부터 오후 6시 10분까지 하루종일 여러 전문가의 발제와 토론을 접하면서 인천이 '자유와 평화와 인류의 행복번영' 메카가 되구나 하는 예감이 들었다.

아쉬움이 있었다면 좀 더 많은 시민이 토론에 참여했으면…

그리고 사전 발제 원고를 많은 분이 공유해서 참석 못 하더라도 전문가 시민들 다양한 의견을 사전 접수받아서 질의응답 시간에 활용되었으면… ^^

또한, 문화예술과 관광마케이팅 박물관 분야의 전문가들 참여가 없다는 점이 아쉬웠다.

특히 1주간 진행되는 기념행사의 컨트롤 타워가 제대로 작동되고 있는지 궁금해하는 시민들 의견에 대한 명쾌한 답이 없어서 조금은 걱정이 된다.

오늘 행사의 성과는 나의 주관적 판단이지만 500% 대성공이고 오늘 발제 토론된 내용을 토대로 지속적으로 연구 발전시킨다면 지구상에서 자유와 평화를 기리는 가장 으뜸 축제요, 학술연구와 교육과 스토리가 있는 여행과 행복을 위한 광장이 되리라 생각한다.

관계자들에게 조언한다면 공간 역사적 사료 세계에 홍보 등의 문제는

1. 메타버스공간에서 인천상륙작전(인천대첩) 행사를 그대로 진행하고,
2. 방탄소년단들이 자유와 평화를 위한 인천대첩을 노래할 때 상호 협력의 엄청난 시너지와 세계청소년들이 평화의 섬 월미도를 앞다투어 방문할 거라고 본다.

본행사를 처음 기획한 이호철(전 인천대 부총장) 교수가 교환교수로 미국을 가고 이준한 인천대 교수가 전체를 총괄해서 빈틈없이 준비하고 인천 출신으로 육사를 졸업한 장순희 박사가 육·해·공군, 미 해병사단 등 군의 전 분야의 전문가 및 군 간부 생도들과 함께 적극적으로 참여하였고, 제4세션에서 인하대 남창희 교수가 좌장을 맡아서 인천상륙작전과 인천의 미래가치향상을 위한 비전 설정과 마무리는 실로 온종일 딱딱한 의자에 앉아있는 시간도 기쁨이었다.

노르망디 상륙작전과 비교할 수 없는 가치가 내재된 '인천상륙작전' 향후 '인천대첩'으로 명명되기를 바라고 월미도가 '세계의 평화 섬'으로 명명되기를 바라며,

유정복 시장이 꿈꾸는 '인천의 꿈! 대한민국의 미래'를 완성시키고 G3로 향하는 큰 기폭제가 되는 시민 모두가 참여하는 인천대첩 주간

이 되기를 소원한다.

2023. 9. 8.

유럽한인총연합회 명예고문 백석두

- ■ 인천상륙작전(인천대첩) 기념주간
- ■ 자유와 평화의 도시 인천
- ■ 2025년부터 참전국 정상초청 세계축제
- ■ 인류의 행복실현을 위한 보편적 가치를 확대하는 국제행사
- ■ 유정복 시장이 인천을 세계평화 도시로 선언

이슬비 내리는 새벽에 크루즈 항에서 독도 함정에 승선했다.

해군 병사들의 따뜻한 안내를 받으면서 독도 함정 간판에 준비된 의자에 앉아서 인천 앞바다와 팔미도를 바라보니 우리 인천이 너무도 아름다운 미항이구나 생각이 든다.

오래전 이 아름다운 인천 앞바다에서 포격이 진동했고, 그것에 대한 대가로 자유 대한민국이 건재할 수 있었고, 오늘 내가 이렇게 인천 바다 내음을 맡으면서 자유를 만끽하고 있다는 생각을 하면서, 오늘을 있게 한 당시에 5천 분의 1의 승률의 어려움 무릅쓰고 상륙작전을 감행한 맥아더 장군과 수많은 군인 그리고 불가피하게 작전 때문에 돌아가신 민간인들 모두에게 감사의 기도를 드렸다.

유정복 시장께서 주창한 인류의 자유와 평화를 위한 세계축제가 되기 위해서 또한, 인천이 세계평화 도시가 되기 위해서는 인천상륙작전 축제를 2024년부터는 정부와 군과 지방정부가 주관해서 진행하는 것을 지양하고 인천상륙작전 축제인 만큼 인천시민이 주도해서 자유·평화, 인류의 행복을 노래하고 세계인이 함께하는 축제로 만들어가야 한다고 생각한다.

그래야만이 정권이 바뀌어도, 시장이 바뀌어도 인천의 평화축제는

영원하리라고 본다.

10년 전 월미도를 '평화의 섬'이라고 명명하고 청소년 평화축제를 몇 년 동안 진행했던 지난날이 주마등처럼 지나간다.

국내 국제 학술세미나 참전국 대사 초청 감사의 시간

자유 평화를 위한 다양한 프로그램과 시민이 함께하는 가요 무대 전시회 퍼레이드

특히 최초로 기념행사에 대통령께서 참석하도록 축제를 준비하고 일구어낸 유정복 시장께 격한 응원의 박수를 보냅니다.

내년에는 시민이 중심이 되는 인천상륙작전 자유·평화 세계축제위원회를 조속히 구성해서 평화와 행복을 노래하는 축제가 되도록 유정복 인천광역시장께 제안드립니다.

또한, 월미도 평화의섬, 평화의 거리, 팔미도 평화의 등대, 평화의 광장 등으로 명명하고 조성이 되었으면 좋겠다.

내년에는 국가별 시민단체와 인천 시민단체 청소년들이 자발적으로 콘텐츠를 개발해서 축제에 참여하도록 주최 측에서 발상의 전환을 기대해 본다.

정부와 군·관이 주관해서 하는 프로그램은 기념행사는 되겠지만, 자유와 평화를 위한 세계적 축제는 어렵다고 본다.

예산과 행사 규모도 중요하지만, 세계인이 스스로 참여할 수 있는 가치를 부여해주어야 한다.

2023. 9. 15.
나눔재단 의장 백석두

■ G3를 향하는 천만도시 인천

■ 전 세계 197개국에서 인천을 꽃피우는 750만 인천시민

■ 인류의 행복을 만들어가는 글로벌 도시 인천

천만 시대 인천의 시민이 된

유럽 27개국 한인회로 구성된

유럽한인총연합회(유제헌 회장) 회장단 60명이 3박 4일 동안 고국에 와서 '통일 한국, 선진강국 대한민국!'이라는 슬로건으로 워크숍을 시작했다.

첫째날 출발을 송도 센트럴파크 호텔에서 '인천의 꿈! 대한민국의 미래'의 가치를 함께 공유하고 유럽 속에 천만 도시 인천시민으로 긍지와 자부심을 느끼고 더욱 힘차게 인천의 희망을 유럽 전역에 전파하겠다고 결의와 다짐의 시간을 가졌다.

둘째 날부터는 강원도 일원에서 문화탐방과 우리 국토 순례를 한다.

유정복 시장께서 미국 공무 출장 중이어서 박덕수 행정부시장께서

따뜻한 환영과 격려와 만찬을 베풀어 주셨다.

참여한 회장단들이 작년까지만 하더라도 인천에 와도 모국에 와도 왠지 타향에 온 기분이었는데 금년 재외동포청이 인천에 들어서고 인천에 오니 내 고향 나의 집 안방에 온 것처럼 기쁘고 포근하다고 한다.

특히 유정복 시장께서 750만 재외동포와 300만 인천시민이 한마음 한뜻으로 대한민국의 미래를 찬란히 빛나게 할 대한민국과 세계를 선도하는 도시 1천만 인천 시대를 열겠다고 포부를 밝힌 모습을 보고, 재외동포청 유치경쟁을 할 때 유럽 지역에서는 한 국가도 이탈 없이 100% 지지했던 유럽 모든 나라 한인동포들은 감격의 눈물을 흘렸다고 한다.

인천은 우리의 도시, 나의 도시라는 유럽회장단들의 외침을 듣고 가슴 뿌듯한 시간을 가졌다.

전 세계에 나가서 웅지를 튼 자랑스러운 우리 국민이 조금만 더 정직과 성실과 신용의 토대를 쌓는다면 2030이 되기 전에 우리가 G3가 될 수 있다고 나는 확신한다.

2023. 10. 10.
유럽한인총연합회
명예고문 백석두

감사의 글

짧은 시간 부족한 식견으로 대한민국의 미래와 인류의 행복 실현을 위한 오늘 우리들이 해야 할 실천적 행동에 대하여 논의한 내용을 읽어 주시는 모든 분께 충심으로 감사드립니다.

필자가 꿈꾸는 희망은 1,000만 도시의 좋은 인천을 넘어 위대한 인천이 되기를 바라고 있습니다.

좋은 대한민국을 넘어 위대한 대한민국이 되기를 간절히 바라고 있습니다.

세계에서 가장 영향력 있는 경제학자이자 경영컨설턴트 짐 콜린스(James Collins)가 『좋은 기업을 넘어 위대한 기업으로』에서 단계 5리더십을 발휘하여 좋은 회사를 넘어 위대한 회사로 만드는 사람들은 어떤 회사의 경우에도 성장의 동력이 시장도, 기술도, 경쟁도, 상품도 아님을 이해한다고 했습니다.

다른 모든 것 위에 한가지가 있습니다. 그것은 바로 "적합한 사람들을 충분히 확보하고 붙들어 두는 능력입니다."

"위대한 기업을 만드는데 **5단계 리더들의 공통점**은 하나도 사람이고, 둘도 사람이고, 셋도 사람, 넷도 사람, 다섯 역시 **사람이 중요하다**는 철저한 사고를 가지고 사람 찾는데 전력투구했다."라고 강조합니다.

필자가 글을 마치면서 내가 과연 거대한 담론 「인천의 꿈, 대한민국 미래」에 대하여 논의와 거론을 할 수 있는 자격이 있는가 하는 스스로에게의 질문입니다. 이 질문에 대한 답은 너무도 부족하다는 것을 스스로 자문자답하면서 그래도 저와 같은 눈높이의 사람들이 이 책을 통해서 보다 높은 단계로 진입하는데 징검다리 역할을 해주기 바라는 마음으로 용기를 내서 국민과 시민 앞에 내놓게 되었습니다.

- G3 대한민국? 우리는 왜 G3로 가야 하는가?
- 우리 인천이 제4차 산업혁명시대를 꽃피우고,
- 제5차 산업혁명시대를 준비하고 선도하는 인천이 되기 위해서 지금 우리는 무엇을 중시 여겨야 하는가?
- 인천이 양자 경제 시대를 열어갈 수 있는 인프라가 있는가?
- 땅, 바다, 하늘의 가장 천혜적 환경조건을 갖춘 인천의 가치를 얼마나 활용하고 있는가?
- 인류평화 도시, 지구촌 공동체 도시, 인류 행복 도시 건설을 위한 12억만평 인천 앞바다를 매립하려고 했던 광개토왕 프로젝트를 다시 생각해 봐야 한다.
- 1000만 도시 인천의 비상
- 세계 10대 도시
- 시민이 행복한 세계 초일류도시
- 사람이 번성하는 지속 가능한 도시
- 전국 8도 국민이 모여서 이룩한 산업화 성공을 이끈 인천의 저력을 다시 한번 발휘해야 하겠습니다.
- 다름을 인정하는 자유와 평화의 도시 인천

- 인류문명의 소중한 가치 효의 뿌리 심청의 효의 사상을 우리는 생각해야 합니다.
- 리스크를 극복하고 상생의 통일시대를 열어갈 수 있는 지리적 은총 지역 인천이 이제는 북방시대, 황해시대, 신남방시대를 견인차 역할을 해나가야 합니다.
- 인류 행복 실현에 선구적 역할, 다문화 국가로 변하는 대한민국의 중심 인천에서
- K-국부론를 전략으로 수립하여 세계문화의 광장이 될 유럽문화 복합타운, 동서가 만나는 인천의 랜드마크를 인천에 만들자.
- MZ세대[17]가 바라보는 '인천의 꿈! 대한민국의 미래'와 청춘이 있기에 꿈이 있다. 꿈이 있기에 행복하다. 행복하기에 우리는 행동한다.
- 대한민국의 미래를 밝히는
- 양자경제의 메카 인천은 청년의 힘으로
- 과거, 현재, 미래가 함께 공유되는
- 거대한 담론을 실제적으로 실현시키기 위해서 청년이 살아 있어야 합니다.
- 양자정치, 양자경제, 양자적 사고로 진행되는 세상
- 공생, 공영, 공존의 시대
- 성웅 이순신의 12척 전선과 하느님이 나에게 걸고 있는 꿈의 기대는
- 팬데믹 앞에 무릎 꿇은 G2와 세계 정상들

---

17) 1980년생부터~1990년대 초중반생인 밀레니얼세대(M세대)와 1990년대 중후반 ~2010년대 초반생인 Z세대를 묶어 부르는 신조어.

- 우크라이나 전쟁과 한반도
- 마지막 남은 분단국가 대한민국의 미래는
- 세종이 남긴 위대한 업적과 K-국부론을 우리는 어떻게 설정할 것인가?
- 한국인이 보다 높은 가치를 위해서 사는 삶을 영위할 때 반드시 우리의 미래는 밝을 것이다.

필자는 이러한 대명제에 대하여 끊임없이 질문하고 그에 대한 대답을 찾기 위해서 해결을 위한 실천적 행동을 하면서 할 수만 있다면 정직, 배려, 나눔의 가치를 소중히 여기면서 언제나 **청년의 생각**으로 지구촌에 **인류가 행복한 삶을 살아가는 터전**이 되도록 하는데 아주 작은 도움이라도 되는 사람이 되고자 부단히 노력할 것입니다.

1991년 처음으로 시작된 풀뿌리의 민주주의라고 하는 지방자치선거에서 연고가 없는 인천광역시 서구 제1선거구(가정동, 연희동, 검암동, 백석동)에 인천광역시 시의원선거에 출마하여 2표 차이로 떨어진 이후 수차례 선거에 낙선, 여러 가지 사업에 실패의 반복, 어떻게 보면 지금까지의 내가 살아오면서 수없이 반복된 실패를 거듭해 왔지만, 오늘 제가 희망과 꿈을 가지고 살아가면서 보다 높은 가치를 위해서 살고자 하는 나의 인생 철학을 유지할 수 있었던 것은 어려움 속에서 묵묵히 나를 믿어주는 아내와 아들과 그리고 언제나 나에게 희망의 에너지를 충전시켜주는 사랑하는 딸이 있었기 때문에 가능했습니다.

짧은 시간이지만 깊은 고뇌 속에서 쓴 이 책의 첫권을 사랑하는 딸

성아에게 주면서 "나의 사랑하는 딸도 보다 높은 가치를 위해서 정의롭게 살라"고 말해 주려고 합니다.

본서가 짧은 시간에 세상에 나올 수 있도록 교정 등을 도와준 안성조 법학박사님과 어려운 여건에도 불구하고 출판문화창달에 노력하고 본서를 출간하여 주신 대양미디어 서영애 대표님과 관계직원 여러분의 노고에 감사를 드리며, 독자 여러분의 많은 조언과 지도편달을 부탁드립니다(전자메일 passdool@hanmail.net).

그리고 '인천의 꿈! 대한민국의 미래'와 함께하는 모든 청년과 국민께 머리 숙여 감사드립니다.

2023. 10. 15.

인천시민의 날에 딸 바보 **백 석 두**

K-청년의 꿈, G3 KOREA

초판인쇄 | 2023년 12월 26일
초판발행 | 2024년 1월 1일

지은이 | 백석두(白石斗)
펴낸이 | 서영애
펴낸곳 | 대양미디어

04559 서울시 중구 퇴계로45길 22-6(일호빌딩) 602호
전화 | (02)2276-0078
팩스 | (02)2267-7888

ISBN 979-11-6072-123-2 03300

값 20,000원